जीवन दर्शन

भगवद्गीता का वास्तविक संदर्भ

डॉ. मीनाक्षी बंसल

Made with ♥ on the Notion Press Platform
www.notionpress.com

|| समस्त संसार के ज्ञान-प्रेमियों को समर्पित ||

जो सत्य की खोज में, ज्ञान की राह पर अग्रसर हैं।
जिनकी जिज्ञासा कभी थमती नहीं, और जिनका उद्देश्य केवल आत्मविकास ही नहीं, बल्कि संसार के कल्याण का भी है—यह कृति उन सभी साधकों को सादर अर्पित है।

क्रम-सूची

प्रार्थना

ॐ भद्रं कर्णेभिः शृणुयाम देवाः।
भद्रं पश्येमाक्षभिर्यजत्राः।
स्थिरैरंगैस्तुष्टुवांसस्तनूभिः।
व्यशेम देवहितं यदायुः।
स्वस्ति न इंद्रो वृद्धश्रवाः।
स्वस्ति नः पूषा विश्ववेदाः।
स्वस्ति नस्ताक्ष्र्यो अरिष्टनेमिः।
स्वस्ति नो बृहस्पतिर्दधातु।
ॐ शांतिः शांतिः शांतिः।

यह मंत्र सार्वभौमिक कल्याण के लिए प्रार्थना है। इसमें विभिन्न देवताओं से सुरक्षा, स्वास्थ्य और सुख के लिए आशीर्वाद की याचना की गई है। यह मंत्र सभी इंद्रियों से शुभ का अनुभव करने और दिव्य उद्देश्य के साथ जीवन जीने के महत्व को रेखांकित करता है।

इंद्र, पूषा, ताक्ष्र्य (गरुड़) और बृहस्पति की कृपा से यह प्रार्थना जीवन में कल्याण और शांति की कामना करती है। अंत में "ॐ शांतिः शांतिः शांतिः" तीन बार दोहराने का अर्थ है - व्यक्तिगत, पर्यावरणीय, और वैश्विक स्तर पर शांति की गहन कामना। यह मंत्र शांति, समृद्धि और सभी प्राणियों के शारीरिक एवं आध्यात्मिक कल्याण के लिए पाठ किया जाता है।

प्रस्तावना

भारत, जो अपने सांस्कृतिक और आध्यात्मिक धरोहर के लिए विश्वभर में प्रसिद्ध है, अपने अंदर अनेकों पवित्र ग्रंथों का ज्ञान समेटे हुए है। इन ग्रंथों में वेद, उपनिषद, रामायण, महाभारत और भगवद्गीता विशेष स्थान रखते हैं। इन सभी ग्रंथों का उद्देश्य मानव जीवन को दिशा प्रदान करना और उसे आध्यात्मिक ऊँचाइयों तक पहुँचाना है। इन्हीं में से एक है *भगवद्गीता*, जिसे जीवन के हर पहलू को समझाने और सुलझाने का मार्गदर्शन देने वाला ग्रंथ माना जाता है।

पहले मैं भी यह सोचती थी कि *भगवद्गीता* केवल महाभारत के युद्ध के समय भगवान श्रीकृष्ण द्वारा अर्जुन को दिए गए उपदेशों का एक भाग है, जो धर्म और अधर्म के बीच के संघर्ष को उजागर करता है। लेकिन, जब मैंने इसे गहराई से समझने का प्रयास किया, तब मुझे एहसास हुआ कि गीता मात्र एक धार्मिक ग्रंथ नहीं है, बल्कि यह जीवन जीने की एक अद्भुत कला है।

गीता से मेरा प्रथम परिचय: प्रतिकूल परिस्थितियों में मिला मार्गदर्शन

जीवन में जब सब कुछ ठीक चल रहा होता है, तब हम अक्सर गहरे ज्ञान और दर्शन की आवश्यकता को नजरअंदाज कर देते हैं। मेरे साथ भी ऐसा ही हुआ। लेकिन जब मेरे जीवन में एक कठिन दौर आया, तब मैं पूरी तरह से असमंजस में थी। क्या करना चाहिए, कैसे करना चाहिए, और क्यों करना चाहिए—इन सवालों ने मेरी मानसिक शांति को छीन लिया था। मैं खुद से ही लड़ाई कर रही थी, और कोई स्पष्ट रास्ता नजर नहीं आ रहा था।

इन्हीं दिनों मेरे एक सहेली ने मुझे बताया कि पास के एक होटल में एक मोटिवेशनल स्पीच का आयोजन किया गया है। इस कार्यक्रम में एक प्रेरक वक्ता *भगवद्गीता* के संदेश को आधुनिक संदर्भों में समझाने वाले थे। मैंने भी इसे सुनने का फैसला किया।

जब उस दिन मैंने वह स्पीच सुनी, तो मुझे लगा कि मेरे हर सवाल का जवाब मिल गया है। वक्ता ने बड़े ही सरल और व्यावहारिक तरीके से बताया कि कैसे जीवन की हर समस्या का समाधान गीता के श्लोकों में छिपा है। खास बात यह थी कि

वह सारी बातें एकदम सहज और आम भाषा में थीं। अंत में, जब उन्होंने बताया कि यह सब *भगवद्गीता* से लिया गया है, तो मैं आश्चर्यचकित रह गई। उसी क्षण मुझे इस ग्रंथ की गहराई और उसके महत्व का एहसास हुआ।

समस्याओं का समाधान: गीता के ज्ञान से प्राप्त अंतर्दृष्टि

उस कार्यक्रम के बाद मैंने गीता को पढ़ने और समझने का प्रयास शुरू किया। धीरे-धीरे यह स्पष्ट हुआ कि *भगवद्गीता* केवल धार्मिक शिक्षा तक सीमित नहीं है, बल्कि यह जीवन जीने का मार्गदर्शन देती है। हर व्यक्ति के जीवन में समस्याएँ आती हैं, और गीता यह सिखाती है कि इन समस्याओं का सामना कैसे किया जाए।

द्वंद्व से मुक्ति का मार्ग

गीता बताती है कि हमारे जीवन की अधिकांश समस्याएँ हमारे मन में चल रहे द्वंद्व का परिणाम हैं। हम क्या सही है और क्या गलत, इस पर निर्णय नहीं ले पाते। श्रीकृष्ण ने अर्जुन को यही सिखाया कि किसी भी कार्य को निष्काम भाव से करें। यदि हमारी नीयत सही हो और हम अपने कर्तव्य को बिना किसी परिणाम की चिंता किए पूरा करें, तो कोई भी परिस्थिति हमें विचलित नहीं कर सकती।

आत्मा का अद्वितीय ज्ञान

गीता का सबसे गहरा संदेश यह है कि हम केवल शरीर नहीं हैं। हमारा असली स्वरूप आत्मा है, जो न जन्म लेती है और न ही मरती है। हमारे सभी दुःख शरीर और मन से जुड़े होते हैं। जब हम आत्मा के स्तर पर जीना शुरू करते हैं, तब हमें बाहरी परिस्थितियाँ परेशान नहीं करतीं।

सांसारिक मोह-माया से मुक्ति

गीता में बताया गया है कि यह संसार नश्वर है। धन, संपत्ति, और नाम-यश, जो भी हम अर्जित करते हैं, उसे एक दिन छोड़कर जाना ही है। इसलिए, इन चीजों में अपनी पहचान तलाशने के बजाय हमें अपने आत्मिक विकास पर ध्यान देना चाहिए।

सही दृष्टिकोण अपनाना

गीता यह सिखाती है कि जीवन में आने वाले हर अनुभव को एक अवसर के रूप में

देखना चाहिए। हर समस्या हमें कुछ सिखाने आती है, और हर संघर्ष हमें मजबूत बनाता है।

गीता: हर वर्ग और हर पीढ़ी के लिए प्रासंगिक

गौर करने वाली बात यह है कि *भगवद्गीता* किसी विशेष जाति, धर्म, या वर्ग तक सीमित नहीं है। यह हर मानव के लिए है। महात्मा गांधी ने गीता को अपनी "आध्यात्मिक माँ" कहा है। उनके अनुसार, जीवन की हर समस्या का समाधान गीता में है।

आज के समय में, जब तनाव, चिंता, और प्रतिस्पर्धा ने जीवन को जटिल बना दिया है, गीता का महत्व और भी बढ़ जाता है। यह युवाओं को सही दिशा में प्रेरित करती है और उन्हें जीवन के उद्देश्यों को समझने में मदद करती है।

गीता का आधुनिक संदर्भ में महत्व

कामकाज में संतुलन
आज के दौर में, लोग काम और जीवन के बीच संतुलन बनाने में कठिनाई महसूस करते हैं। गीता सिखाती है कि कर्म करते हुए भी कैसे शांत और स्थिर मन रखा जा सकता है।

सकारात्मक दृष्टिकोण विकसित करना
गीता हमें यह समझने में मदद करती है कि हर समस्या का समाधान हमारे भीतर ही है। यदि हम अपनी सोच को सकारात्मक दिशा में मोड़ें, तो कोई भी चुनौती असंभव नहीं रहती।

मूल्यों पर आधारित जीवन
गीता यह भी सिखाती है कि किसी भी निर्णय में हमारे मूल्य और नैतिकता का ध्यान रखना आवश्यक है।

निष्कर्ष: गीता को जीवन का हिस्सा बनाना

गीता केवल पढ़ने और सुनने के लिए नहीं है; इसे जीवन में उतारने की आवश्यकता

है। जब हम गीता के विचारों को अपने दिन-प्रतिदिन के जीवन में लागू करते हैं, तब हमें इसका असली महत्व समझ में आता है।

इस पुस्तक में मैंने अपने अनुभवों और गीता से प्राप्त ज्ञान का उल्लेख किया है। मैंने यह भी बताया है कि कैसे यह ग्रंथ हर व्यक्ति को उसकी समस्याओं से बाहर निकालने में मदद कर सकता है। यह केवल एक धार्मिक ग्रंथ नहीं, बल्कि एक जीवनदर्शन है, जो हमें हर परिस्थिति में संतुलित और खुश रहने की कला सिखाता है।

गीता हमें यह सिखाती है कि हम सबमें असीम संभावनाएँ हैं। जब हम अपने भीतर की शक्ति को पहचानते हैं, तो जीवन की हर चुनौती एक अवसर बन जाती है। यही गीता का सार है और यही जीवन का सच।

डॉ. मीनाक्षी बंसल
सामाजिक कार्यकर्ता, अहमदाबाद, गुजरात

लेखिका के बारे में

डॉ. मीनाक्षी बंसल, जो भारत की राजधानी दिल्ली में जन्मीं, ने अपनी ज़िंदगी कला, शिक्षा, और समाज कल्याण के प्रति गहरी प्रतिबद्धता के साथ बिताई है। विवाह के बाद, उन्होंने अहमदाबाद, गुजरात को अपना नया निवास स्थान बनाया, जहाँ वे प्रेरणा का स्रोत बनकर उभरीं। डॉ. मीनाक्षी न केवल ललित कला की कुशल कलाकार हैं, बल्कि एक प्रतिष्ठित लेखिका, समर्पित समाजसेविका और मनोविज्ञान की विद्वान शोधकर्ता भी हैं। उनका जीवन, विशेष रूप से समाज के वंचित और पिछड़े बच्चों के उत्थान के प्रति समर्पण, सहभागिता और सहानुभूति की शक्ति में उनके गहरे विश्वास का परिचायक है।

अपने प्रारंभिक दिनों से ही मीनाक्षी ने पढ़ने के प्रति एक अदम्य लगन दिखाई। उनके साहित्यिक संसार में नैतिक कहानियाँ, प्रेरणादायक कथाएँ, और जीवन पाठों से परिपूर्ण पौराणिक गाथाएँ शामिल थीं। यह पढ़ने की आदत केवल व्यक्तिगत विकास के लिए नहीं थी, बल्कि छात्रों और सहकर्मियों के विकास के लिए इन कहानियों के सार को साझा करने की इच्छा से प्रेरित थी। वे विशेष रूप से आदि शंकराचार्य, स्वामी विवेकानंद, डॉ. एपीजे अब्दुल कलाम, महामना पंडित मदन मोहन मालवीय, महात्मा गांधी, सरदार वल्लभभाई पटेल, और विनोबा भावे जैसे ऐतिहासिक और आध्यात्मिक नेताओं के जीवन और शिक्षाओं से प्रभावित थीं। उनके विचार और जीवन कथाएँ मीनाक्षी को दृढ़ता, निःस्वार्थता और ज्ञान की खोज के आदर्शों को अपनाने के लिए प्रेरित करती रहीं।

डॉ. मीनाक्षी का मनोविज्ञान में शैक्षणिक और व्यावहारिक योगदान भी उल्लेखनीय है। एक शोधकर्ता के रूप में, उनका ध्यान मानव मन की जटिलता को समझने और मनोवैज्ञानिक कल्याण और सामाजिक समरसता के लिए संभावनाओं को उजागर करने पर केंद्रित रहा है। उनके सामाजिक कार्यों में, वे अपने अकादमिक ज्ञान को समाज के वंचित वर्गों के जीवन में वास्तविक परिवर्तन लाने के लिए उपयोग करती हैं। उनका समाज सेवा का दृष्टिकोण पारंपरिक ज्ञान और आधुनिक मनोवैज्ञानिक पद्धतियों का अनूठा संयोजन है, जो समाज के बहुआयामी मुद्दों का समाधान करता है।

उनकी कलात्मक प्रतिभाएँ, जो उनके विविध कौशल का एक और पहलू हैं, केवल व्यक्तिगत रुचि तक सीमित नहीं हैं। उनकी कला प्रतीकात्मकता और भावनात्मक गहराई से भरपूर होती है, जो उनके दार्शनिक विचारों और सामाजिक चिंताओं को व्यक्त करती है। उनकी रचनाएँ दर्शकों को उनके बुद्धिमत्ता और करुणा की गहराई में झांकने का अवसर प्रदान करती हैं।

कला और समाज विज्ञान के अतिरिक्त, डॉ. मीनाक्षी ने प्राणिक हीलिंग की उपचार कला में भी महारत हासिल की है, जिसे मास्टर चोआ कोक सुई ने विकसित किया था। यह पद्धति, जो शरीर और आभा को ठीक करने के लिए प्राण या जीवन ऊर्जा के उपयोग पर केंद्रित है, न केवल उनके लिए एक व्यक्तिगत खोज रही है, बल्कि दूसरों को उपचार प्रदान करने का एक माध्यम भी है। प्राणिक हीलिंग में उनकी दक्षता विभिन्न प्रकार के ध्यान सिखाने और अभ्यास के साथ पूरी होती है, जो व्यक्तियों और समुदायों में पुनरुत्थान, व्यक्तिगत विकास और समरसता के संवर्धन पर केंद्रित है।

डॉ. मीनाक्षी का जीवन केवल व्यक्तिगत उपलब्धियों की खोज नहीं है, बल्कि समाज के उत्थान और सशक्तिकरण के प्रति समर्पित एक यात्रा है। उनकी विविध रुचियाँ और प्रतिभाएँ—कला, साहित्य, मनोविज्ञान, और उपचार पद्धतियों को जोड़ती हुई—सेवा के एकमात्र पथ पर केंद्रित हैं। वे उन महान हस्तियों की भावना को आत्मसात करती हैं, जिन्होंने उन्हें प्रेरित किया, और अपने कार्यों और शिक्षाओं के माध्यम से उनकी विरासत को आगे बढ़ाती हैं। अपनी पुस्तकों, कला और सामाजिक पहलों के माध्यम से, वे नई पीढ़ी को आत्म-खोज, दृढ़ता और निःस्वार्थता की यात्रा पर चलने के लिए प्रेरित करती हैं।

समाज कल्याण के प्रति उनकी प्रतिबद्धता, विशेष रूप से वंचित बच्चों के उत्थान पर ध्यान केंद्रित करना, शिक्षा और व्यक्तिगत विकास की परिवर्तनकारी क्षमता की उनकी गहरी समझ को दर्शाती है। मनोविज्ञान, कलात्मक संवेदनशीलता और उपचार पद्धतियों के ज्ञान को जोड़कर, डॉ. बंसल ने एक समग्र दृष्टिकोण विकसित किया है जो न केवल तात्कालिक आवश्यकताओं बल्कि समुदायों की दीर्घकालिक भलाई को भी संबोधित करता है।

एक लेखिका के रूप में, डॉ. मीनाक्षी की रचनाएँ प्रेरणादायक अंतर्दृष्टियों,

व्यावहारिक ज्ञान और उनके विस्तृत अध्ययन और जीवन के अनुभवों से लिए गए चिंतनशील विचारों का मिश्रण प्रस्तुत करती हैं। उनकी पुस्तकें उन लोगों के लिए मार्गदर्शिका के रूप में कार्य करती हैं, जो जीवन की जटिलताओं को अनुग्रह, दृढ़ता और उद्देश्य के साथ नेविगेट करना चाहते हैं। अपनी कहानियों के माध्यम से, वे अपने पाठकों को अपने भीतर की गहराइयों का पता लगाने और समाज की सामूहिक भलाई में अर्थपूर्ण योगदान देने के लिए आमंत्रित करती हैं।

डॉ. मीनाक्षी बंसल में हमें एक अद्वितीय कलाकार, विद्वान, उपचारकर्ता और सामाजिक कार्यकर्ता का अद्भुत समन्वय मिलता है। उनका जीवन कार्य आशा का प्रतीक और दुनिया में बदलाव लाने की इच्छा रखने वाले व्यक्तियों के लिए प्रेरणा का स्रोत है। उनकी कहानी सहानुभूति और मानवता की भलाई के प्रति गहरी प्रतिबद्धता से प्रेरित व्यक्तिगत प्रयासों की शक्ति की एक प्रेरक याद दिलाती है। डॉ. मीनाक्षी की विरासत केवल उनके प्रयासों के ठोस परिणामों में नहीं है, बल्कि उस स्थायी जिज्ञासा, सहानुभूति और सेवा की भावना में है, जिसे वे प्रतिपादित करती हैं।

1

अर्जुन विषाद योग: नकारात्मकता से सकारात्मकता की ओर एक यात्रा

भगवद्गीता के प्रथम अध्याय, जिसे *अर्जुन विषाद योग* कहा जाता है, जीवन के उस महत्वपूर्ण क्षण का प्रतीक है जब व्यक्ति सही और गलत, धर्म और अधर्म, कर्तव्य और मोह के बीच फंसा हुआ होता है। यह अध्याय न केवल महाभारत के युद्ध के संदर्भ में, बल्कि हमारे अपने जीवन के दैनिक संघर्षों को भी गहराई से समझाने वाला है।

धर्मक्षेत्र-कुरुक्षेत्र: बाहरी और भीतरी युद्ध का प्रतीक

गीता के प्रथम श्लोक में "धर्मक्षेत्रे कुरुक्षेत्रे" का उल्लेख होता है। इसे अक्सर महाभारत के युद्ध के मैदान के रूप में देखा जाता है, लेकिन यदि इसे गहराई से समझा जाए, तो यह हमारे भीतर चलने वाले मानसिक संघर्षों का प्रतीक है।

धर्मक्षेत्र: धर्मक्षेत्र का अर्थ है कर्तव्य का क्षेत्र। यह हमारे भीतर की वह चेतना है, जो हमेशा सही करने की प्रेरणा देती है।

कुरुक्षेत्र: कुरुक्षेत्र बुरे विचारों, मोह-माया, और मानसिक अशांति का प्रतीक है, जो हमें हमारे सही कर्तव्यों से भटकाता है।

अर्जुन अपने ही परिवार, गुरुजनों, और संबंधियों को देखकर युद्ध करने में असमर्थ महसूस करता है। यह स्थिति हमारे जीवन के उस पल की याद दिलाती है, जब हमें अपने प्रियजनों या अपने ही मूल्यों के खिलाफ खड़े होना पड़ता है।

अर्जुन का विषाद: मानव जीवन का प्रतिबिंब

अर्जुन का विषाद केवल युद्ध का डर नहीं है। यह मोह, असमंजस, और मानसिक अशांति का परिणाम है। जब अर्जुन को यह समझ नहीं आता कि क्या करना चाहिए, वह कमजोर हो जाता है और रोते हुए अपने रथ में बैठ जाता है।

यह स्थिति हमारे जीवन की उन कठिन घड़ियों का प्रतिनिधित्व करती है, जब हम निर्णय लेने में असमर्थ होते हैं।

कई बार हमें सही और गलत का अंतर समझने में परेशानी होती है। हम मोह और माया के कारण उलझ जाते हैं और अपने कर्तव्यों से दूर हो जाते हैं।

उदाहरण के लिए, जब किसी व्यक्ति को अपने कार्य और परिवार के बीच संतुलन बनाना हो, तो वह अक्सर असमंजस में पड़ जाता है।

धर्म और अधर्म का संघर्ष: जीवन का अनिवार्य सत्य

महाभारत का युद्ध धर्म और अधर्म के बीच का संघर्ष है। इसी प्रकार, हर व्यक्ति के भीतर भी सत्य और असत्य, नैतिकता और अनैतिकता का युद्ध चलता रहता है।

अर्जुन का यह कहना कि वह अपने अपनों से कैसे लड़ सकता है, यह उस मानसिक स्थिति को दर्शाता है जब हम अपने प्रियजनों के गलत कामों को देख कर भी मौन रहते हैं।

यह स्थिति हमें यह सिखाती है कि केवल रिश्तों के कारण किसी गलत चीज़ का

समर्थन नहीं करना चाहिए। सत्य और धर्म का साथ देना ही हमारा कर्तव्य है।

जीवन में अर्जुन की स्थिति: प्रत्येक मनुष्य की वास्तविकता

यदि हम अर्जुन की परिस्थिति को अपने जीवन से जोड़ें, तो यह स्पष्ट हो जाता है कि हर व्यक्ति अपने जीवन में अर्जुन जैसा ही होता है।

जब हम मानसिक द्वंद्व में फंसते हैं, तो हमें यह समझ नहीं आता कि क्या सही है और क्या गलत।

मोह, लोभ, और भय हमें अपने कर्तव्यों से दूर कर देते हैं।

कई बार जीवन में कठिन परिस्थितियों के कारण हम हार मानने लगते हैं और आत्मविश्वास खो बैठते हैं।

समस्याओं से भागना नहीं, उनका सामना करना चाहिए

गीता का सबसे बड़ा संदेश यह है कि जीवन में आने वाली किसी भी विषम परिस्थिति से भागना समाधान नहीं है। अर्जुन ने भी अपनी समस्याओं से भागने की कोशिश की, लेकिन श्रीकृष्ण ने उसे अपने कर्तव्यों की याद दिलाई।

जीवन में चुनौतियाँ हमेशा रहेंगी। लेकिन इनसे घबराने के बजाय हमें उनसे लड़ने की तैयारी करनी चाहिए।

समस्याएँ हमें मजबूत बनाती हैं। हर संघर्ष हमें कुछ नया सिखाता है और हमें हमारी सीमाओं को पहचानने का अवसर देता है।

कुरुक्षेत्र: मानव शरीर और मन का प्रतीक

अगर हम इस अध्याय को गहराई से देखें, तो यह समझ आता है कि गीता में धर्मक्षेत्र और कुरुक्षेत्र केवल युद्ध का मैदान नहीं हैं।

धर्मक्षेत्र: हमारे शरीर का प्रतीक है, जिसमें सही कर्तव्यों को निभाने की क्षमता है।

कुरुक्षेत्र: हमारे मन का प्रतीक है, जहाँ अच्छे और बुरे विचारों का युद्ध चलता रहता है।

जब कोई बच्चा जन्म लेता है, तो वह केवल अपने कर्तव्यों का पालन करता है। लेकिन जैसे-जैसे वह बड़ा होता है, उसे मोह, लोभ, और द्वेष घेर लेते हैं।

अर्जुन विषाद योग: जीवन का पहला अध्याय

गीता का पहला अध्याय यह सिखाता है कि विषाद (दुख और असमंजस) जीवन का पहला चरण है। हर व्यक्ति को अपने जीवन में कभी न कभी विषाद की स्थिति का सामना करना पड़ता है।

विषाद हमें यह समझने का मौका देता है कि हमें क्या चाहिए और क्या नहीं।

यह हमें अपनी कमजोरियों और गलतियों को पहचानने में मदद करता है।

लेकिन यदि हम विषाद में ही उलझे रहते हैं और आगे बढ़ने की कोशिश नहीं करते, तो हम अपने जीवन का उद्देश्य खो देते हैं।

कृष्ण का संदेश: समाधान का मार्ग

गीता के आगे के अध्यायों में श्रीकृष्ण अर्जुन को सिखाते हैं कि विषाद से कैसे बाहर निकला जा सकता है।

ज्ञान का महत्व: श्रीकृष्ण बताते हैं कि सही ज्ञान से ही अज्ञान के अंधकार को दूर किया जा सकता है।

निष्काम कर्म: अपने कर्तव्यों को बिना फल की चिंता किए करने की शिक्षा दी जाती है।

आत्मा का सत्य: श्रीकृष्ण अर्जुन को यह समझाते हैं कि आत्मा अजर-अमर है। सभी दुःख केवल शरीर के स्तर पर हैं।

संतुलन बनाना: मन को स्थिर और शांत रखना जीवन की हर समस्या का समाधान है।

अर्जुन से सीख: हर व्यक्ति के लिए प्रेरणा

अर्जुन की स्थिति और उसकी परेशानियाँ हमें यह सिखाती हैं कि जीवन में कभी भी हार नहीं माननी चाहिए।

हर व्यक्ति को अपने कर्तव्यों का पालन करना चाहिए, चाहे परिस्थिति कितनी भी कठिन क्यों न हो।

विषाद केवल एक शुरुआत है। यह हमें आत्ममंथन का अवसर देता है और आगे बढ़ने की प्रेरणा देता है।

निष्कर्ष: जीवन के कुरुक्षेत्र में धर्मक्षेत्र का अनुसरण करें

अर्जुन विषाद योग हमें यह सिखाता है कि जीवन में आने वाली हर समस्या का समाधान हमारे भीतर ही है। हमें अपने जीवन को धर्मक्षेत्र बनाना है और कुरुक्षेत्र में चल रहे अच्छे और बुरे के संघर्ष में सत्य का साथ देना है।

जीवन में सकारात्मकता और आत्मविश्वास बनाए रखना सबसे जरूरी है।

समस्याओं से घबराने के बजाय हमें उनका सामना करना चाहिए।

गीता हमें यह सिखाती है कि हर संघर्ष हमें मजबूत बनाता है और हर कठिनाई हमें एक नई दिशा में ले जाती है।

इस प्रकार, *अर्जुन विषाद योग* केवल एक अध्याय नहीं, बल्कि हमारे जीवन को सही दिशा में ले जाने वाला एक गहरा संदेश है। यदि हम इसे अपने जीवन में लागू करें, तो हर समस्या का समाधान और हर लक्ष्य की प्राप्ति संभव है।

2

सांख्ययोग - मानसिक संघर्ष से बाहर निकलने के रास्ता

जीवन में हर किसी को कभी न कभी उस स्थिति का सामना करना पड़ता है जब मन असमंजस में घिर जाता है। ऐसा लगता है कि सबकुछ ठहर गया है, और हम समझ नहीं पाते कि आगे क्या करना है। ऐसा ही अनुभव अर्जुन को हुआ जब वह कुरुक्षेत्र में अपने ही परिवार और गुरुजनों के सामने खड़ा था। यह दृश्य केवल महाभारत की कथा नहीं है, बल्कि हमारे जीवन के भीतर चलने वाले द्वंद्व का प्रतीक है। गीता का दूसरा अध्याय, जिसे *सांख्ययोग* कहते हैं, इसी मानसिक संघर्ष और उससे बाहर निकलने के रास्ते को समझाने का प्रयास करता है।

अर्जुन, जो पहले अध्याय में विषाद और असमंजस की स्थिति में था, हर व्यक्ति की उस स्थिति को दर्शाता है जब वह जीवन की समस्याओं के बोझ तले दब जाता है। वह अपने रिश्तों, भावनाओं और सामाजिक जिम्मेदारियों में उलझा हुआ महसूस करता है। ठीक वैसे ही, जैसे हम कभी-कभी अपने जीवन में हार मानकर बैठ जाते हैं। लेकिन तभी, श्रीकृष्ण उसके सखा के रूप में सामने आते हैं। उनकी भूमिका केवल एक मार्गदर्शक की नहीं है, बल्कि वह अर्जुन को उसकी वास्तविक पहचान और उसकी जिम्मेदारियों को समझाने वाले हैं।

श्रीकृष्ण यहाँ केवल एक व्यक्ति नहीं हैं, वे प्रकृति और दिव्य ज्ञान के प्रतीक हैं।

वे बताते हैं कि हर जीव-जंतु प्रकृति के नियमों का पालन करता है। मनुष्य को भी अपने कर्तव्यों का पालन करना चाहिए। लेकिन मनुष्य अक्सर अपनी इच्छाओं और स्वार्थ के कारण इन नियमों से भटक जाता है। जब हमारी इच्छाएँ पूरी नहीं होतीं, तब विषाद और दुख का जन्म होता है। यही कारण है कि अर्जुन जैसे कई लोग अपने जीवन में समस्याओं का सामना करने में असमर्थ हो जाते हैं।

श्रीकृष्ण अर्जुन को समझाते हैं कि हम मनुष्य केवल शरीर नहीं हैं, बल्कि आत्मा हैं। आत्मा न तो जन्म लेती है और न ही मरती है। यह अमर और अविनाशी है। शरीर केवल एक माध्यम है, जो आत्मा को अपने कर्म पूरे करने का अवसर देता है। यह समझने से हमें जीवन के सुख-दुख में संतुलन बनाए रखने की प्रेरणा मिलती है। श्रीकृष्ण कहते हैं कि जैसे हम पुराने कपड़ों को छोड़कर नए कपड़े पहनते हैं, वैसे ही आत्मा भी पुराने शरीर को त्यागकर नए शरीर में प्रवेश करती है। इसलिए, शरीर की मृत्यु पर शोक करना व्यर्थ है।

यह ज्ञान केवल आध्यात्मिक नहीं है, बल्कि पूरी तरह से व्यावहारिक है। जीवन में सुख और दुख आते-जाते रहते हैं। यदि हम सुख में अधिक खुश होते हैं और दुख में पूरी तरह से टूट जाते हैं, तो हम अपनी आंतरिक स्थिरता खो देते हैं। श्रीकृष्ण कहते हैं कि जो व्यक्ति सुख-दुख के इन झूलों से परे उठ सकता है, वही सच्चा संतुलित जीवन जी सकता है।

श्रीकृष्ण बताते हैं कि आत्मा अमर है और उसे कोई नष्ट नहीं कर सकता। यह समझना कि हम केवल एक नश्वर शरीर नहीं हैं, बल्कि अजर-अमर आत्मा हैं, हमारे जीवन के दृष्टिकोण को पूरी तरह से बदल सकता है। जब हम यह समझ लेते हैं कि हमारा असली स्वरूप आत्मा है, तब हमारे दुख, भय और मोह अपने आप कम हो जाते हैं।

श्रीकृष्ण अर्जुन को यह भी बताते हैं कि समाज में असफलता को सहन करना कितना कठिन होता है। जब हम अपने कर्तव्यों से भागते हैं या हार मान लेते हैं, तो समाज हमारा मजाक उड़ाता है। इससे भी बड़ा दुख यह है कि हम अपनी आत्मा से दूर हो जाते हैं। इसलिए, हमें हर स्थिति में अपने कर्तव्यों को निभाने के लिए तैयार रहना चाहिए। चाहे परिस्थितियाँ कितनी भी कठिन क्यों न हों, उनसे लड़कर विजय पाना ही सच्चा आनंद देता है।

गीता के इस अध्याय में श्रीकृष्ण हमें यह सिखाते हैं कि हर व्यक्ति के भीतर अनगिनत गुण और संभावनाएँ छिपी होती हैं। लेकिन हम अक्सर अपनी क्षमताओं को नहीं पहचानते। हमारी अज्ञानता और आत्म-विश्वास की कमी हमें कमजोर बना देती है। श्रीकृष्ण कहते हैं कि यदि हम अपनी बुद्धि और आत्मा को पहचान लें, तो कोई भी चुनौती हमारे लिए बड़ी नहीं होगी।

श्रीकृष्ण यह भी समझाते हैं कि जीवन में जो कुछ भी होता है, वह प्रकृति के नियमों के अनुसार होता है। हमें अपने जीवन को प्रकृति के नियमों के अनुरूप ढालना चाहिए। जब हम इन नियमों के अनुसार जीवन जीते हैं, तो हमारा मन शांत रहता है, और हम हर परिस्थिति में खुश रह सकते हैं।

सांख्ययोग का एक महत्वपूर्ण संदेश यह है कि जीवन में हर व्यक्ति को अपने कर्म करने चाहिए, लेकिन उनके परिणाम की चिंता नहीं करनी चाहिए। जब हम अपने कर्मों को निस्वार्थ भाव से करते हैं, तो हमें आत्म-संतुष्टि प्राप्त होती है। उदाहरण के लिए, यदि कोई व्यक्ति रात के समय किसी जरूरतमंद की मदद करता है, तो यह उसकी आत्मा को संतुष्टि देता है। वह यह काम इस उम्मीद में नहीं करता कि उसे बदले में कुछ मिलेगा, बल्कि इसलिए करता है क्योंकि यह उसका कर्तव्य है।

इस अध्याय में श्रीकृष्ण बताते हैं कि मनुष्य तीन प्रकार की प्रवृत्तियों से प्रभावित होता है—तमस (असुरी प्रवृत्ति), रजस (मानवीय प्रवृत्ति), और सात्विक (दैवीय प्रवृत्ति)। तमस प्रवृत्ति वाले लोग आलसी और नकारात्मक होते हैं, रजस प्रवृत्ति वाले भौतिक सुखों के पीछे भागते हैं, और सात्विक प्रवृत्ति वाले लोग शांति और संतोष के साथ जीवन जीते हैं। जीवन का लक्ष्य सात्विक प्रवृत्ति को अपनाना और तमस तथा रजस प्रवृत्तियों से ऊपर उठना होना चाहिए।

श्रीकृष्ण हमें सिखाते हैं कि जब हम अपने जीवन में आने वाली हर परिस्थिति को शांत और संयमित मन से स्वीकार करते हैं, तब हम सच्चे अर्थों में "स्थितप्रज्ञ" बनते हैं। स्थितप्रज्ञ वह व्यक्ति है जो न सुख में अधिक खुश होता है और न दुख में अधिक दुखी। वह अपने इंद्रियों को अपने नियंत्रण में रखता है और भौतिक इच्छाओं से परे रहता है।

अर्जुन को समझाने के इस पूरे प्रयास का उद्देश्य यही है कि मनुष्य अपने जीवन के सही उद्देश्य को समझे। हमें अपने जीवन में आने वाली हर चुनौती को अवसर के रूप में देखना चाहिए। जब हम अपने कर्तव्यों को निस्वार्थ भाव से करते हैं और अपने मन को शांत रखते हैं, तब हम जीवन के सच्चे आनंद को अनुभव कर सकते हैं।

गीता का दूसरा अध्याय केवल एक धार्मिक ग्रंथ का भाग नहीं है; यह हर व्यक्ति के जीवन के लिए एक प्रेरणा है। यदि हम इस ज्ञान को अपने जीवन में उतारें, तो हम न केवल अपने भीतर की शक्ति को पहचान पाएंगे, बल्कि हर परिस्थिति में संतुलित और खुश रहना भी सीखेंगे। इस अध्याय का अंत हमें यह सिखाते हुए होता है कि जीवन में अपने कर्तव्यों को निभाना ही सच्चा धर्म है।

3

कर्मयोग: निस्वार्थ सेवा से जीवन का वास्तविक उद्देश्य

जीवन में ज्ञान की बातें सुनना और उन्हें आत्मसात करना दो अलग-अलग चीजें हैं। अक्सर ऐसा होता है कि जब हमें किसी प्रेरणादायक विषय पर कुछ सुनने का मौका मिलता है, तो हम भीतर से बेहद उत्साहित हो जाते हैं। लेकिन यह उत्साह अधिक समय तक नहीं टिकता। क्यों? क्योंकि यह प्रेरणा केवल सुनी हुई बातें होती हैं, जिन्हें हमने अपने कर्म और अनुभवों में नहीं उतारा। गीता का तीसरा अध्याय, जिसे *कर्मयोग* कहा जाता है, हमें इसी अंतर को समझने और सही मार्ग पर चलने का रास्ता दिखाता है।

श्रीकृष्ण दूसरे अध्याय में अर्जुन को ज्ञान और कर्म, दोनों मार्गों की व्याख्या करते हैं। लेकिन अर्जुन के मन में प्रश्न उठता है कि इन दोनों में श्रेष्ठ कौन सा है? श्रीकृष्ण स्पष्ट करते हैं कि कर्म का मार्ग ही सर्वोत्तम है। वे बताते हैं कि केवल ज्ञान की बातें करना, लेकिन कर्म में उसे लागू न करना, व्यर्थ है। असली ज्ञान तभी सार्थक है, जब वह हमारे जीवन में अनुभव के माध्यम से उतरे।

आज के संदर्भ में इसे इस तरह समझा जा सकता है कि किसी भी प्रेरणादायक भाषण को सुनकर हमें अस्थायी ऊर्जा मिल सकती है, लेकिन जब तक हम उसे अपने कर्मों में उतारते नहीं, तब तक वह ऊर्जा हमारे जीवन को स्थायी रूप से

प्रभावित नहीं करती। सही और गलत का वास्तविक ज्ञान केवल अनुभवों के माध्यम से आता है।

ह अनुभव हमें सिखाता है कि क्या करना है और क्या नहीं। यदि हम कर्म नहीं करेंगे, तो हम कभी यह नहीं जान पाएंगे कि हमारा कदम सही था या गलत। श्रीकृष्ण इसे सरल शब्दों में समझाते हैं: बिना कर्म किए आप तैरना नहीं सीख सकते। तालाब में उतरने पर ही हमें तैरने का ज्ञान होगा।

गीता के तीसरे अध्याय में श्रीकृष्ण ने यह भी समझाया कि हर कर्म निस्वार्थ भाव से किया जाना चाहिए। हमें यह सोचना बंद करना होगा कि हम किसके लिए यह कर रहे हैं और बदले में हमें क्या मिलेगा। जब भी हम किसी काम को "मैं कर रहा हूँ" की भावना से करते हैं, तो उसमें अहंकार और स्वार्थ आ जाते हैं।

कर्म दो प्रकार के होते हैं: स्वार्थ से प्रेरित और निस्वार्थ। स्वार्थ प्रेरित कर्म वे हैं, जो हम अपनी जीवनयापन के लिए करते हैं, जैसे नौकरी या व्यापार। लेकिन निस्वार्थ कर्म वे हैं, जो हम बिना किसी अपेक्षा के, दूसरों की भलाई के लिए करते हैं।

निस्वार्थ कर्म का उदाहरण प्रकृति से लिया जा सकता है। जब हम किसी गरीब बच्चे को पढ़ाने का प्रयास करते हैं या किसी पेड़ की परवरिश करते हैं, तो हम न केवल दूसरों की मदद कर रहे होते हैं, बल्कि प्रकृति के ऋण को चुकाने का प्रयास भी कर रहे होते हैं। हमें यह समझना चाहिए कि हमारी हर साँस वायु पर निर्भर है, और यह वायु हमें पेड़ों से मिलती है। ऐसे में पेड़ लगाना और उनकी देखभाल करना हमारा कर्तव्य बन जाता है। यह केवल प्रकृति की सेवा नहीं है, बल्कि हमारी अगली पीढ़ियों के लिए भी एक उपहार है।

श्रीकृष्ण कहते हैं कि किसी भी कर्म को करते समय खुद पर गर्व नहीं करना चाहिए। हमें यह याद रखना चाहिए कि हमारा शरीर, प्राण, और यह जीवन सब प्रकृति की देन हैं।

किसी भी क्षण यह सब छिन सकता है। जब ऐसा होता है, तो हमारा धन, नाम, या गर्व किसी काम का नहीं रहता। प्रकृति हमारी पहचान नहीं देखती; वह सभी के साथ समान व्यवहार करती है।

श्रीकृष्ण आगे कहते हैं कि निस्वार्थ कर्म करने वाले व्यक्ति मरने के बाद भी अमर हो जाते हैं। उनका जीवन दूसरों के लिए प्रेरणा बन जाता है। डॉ. ए.पी.जे. अब्दुल कलाम या पंडित मदन मोहन मालवीय जैसे व्यक्तित्व इसके ज्वलंत उदाहरण हैं। उन्होंने अपने निस्वार्थ कर्मों से न केवल समाज को दिशा दी, बल्कि अपने जीवन को परमानंद से भर दिया।

कर्मयोग का यह संदेश यह भी है कि जो भी निस्वार्थ कर्म करते हैं, उन्हें कभी न कभी उसका फल जरूर मिलता है। अंग्रेजी में कहा गया है, "No Investment Goes Waste"। धन से हम कई चीजें खरीद सकते हैं, लेकिन कुछ चीजें, जैसे नींद, स्वास्थ्य, और अच्छे संबंध, धन से नहीं खरीदी जा सकतीं। फिर भी, आज के समय में लोग हर कर्म के बदले केवल धन की अपेक्षा रखते हैं।

कर्म का वास्तविक अर्थ तब समझ में आता है, जब हम इसे ईश्वर को समर्पित करते हैं। हमारे जीवन में जो कुछ भी है, वह पर्याप्त है, यह सोचकर ही हम सच्चा आनंद प्राप्त कर सकते हैं। हमें यह याद रखना चाहिए कि जीवन नश्वर है। चाहे हम अमीर हों या गरीब, अंततः हमें सबकुछ यहीं छोड़कर जाना है।

प्रकृति में हर चीज निस्वार्थ कर्म करती है। सूरज, चाँद, नदी, और पेड़ सभी बिना किसी स्वार्थ के दूसरों की सेवा करते हैं। मनुष्य को भी यही करना चाहिए। श्रीकृष्ण इसे सरलता से समझाते हैं कि हम ईश्वर के हाथों के उपकरण हैं। हमें अपनी इंद्रियों को भौतिक मोह-माया से मुक्त कर, निस्वार्थ भाव से दूसरों की सेवा के लिए प्रतिबद्ध रहना चाहिए।

जब हम अपने कर्मों को ईश्वर को समर्पित करके करते हैं, तब हमारा मन शांत रहता है। हम किसी भी परिस्थिति में विचलित नहीं होते। यह स्थिति "स्थितप्रज्ञ" कहलाती है। स्थितप्रज्ञ व्यक्ति वही है, जो सुख-दुख के झूलों से परे होता है।

श्रीकृष्ण यह भी कहते हैं कि जब हम अपनी इच्छाओं की पूर्ति नहीं कर पाते, तब हम क्रोध, निराशा, और अवसाद के शिकार हो जाते हैं। लेकिन यदि हम अपने मन और इंद्रियों को नियंत्रित करें, तो यह सब हमारी मानसिक शांति को भंग नहीं कर सकते।

गीता का तीसरा अध्याय हमें यह सिखाता है कि जीवन में आने वाली हर परिस्थिति को स्वीकार करें और निस्वार्थ भाव से कर्म करते रहें। जब हम यह समझ लेते हैं कि हमारा हर कर्म दूसरों की भलाई के लिए है, तब हम सच्चे अर्थों में कर्मयोग के मार्ग पर होते हैं। यही मार्ग जीवन को आनंदमय और उद्देश्यपूर्ण बनाता है।

4

ज्ञानयोग - निस्वार्थ सेवा का महत्व

जीवन के गहरे प्रश्न जैसे "हम कौन हैं?" और "हमारा जीवन का उद्देश्य क्या है?" शायद हर इंसान के मन में कभी न कभी उठते हैं। आमतौर पर हमारे पास इन सवालों का जवाब यह होता है कि हम अपने माता-पिता की संतान हैं, उनका पालन-पोषण करना, शिक्षा दिलाना, नौकरी करना, परिवार चलाना और फिर यह चक्र पीढ़ी दर पीढ़ी चलता रहता है। लेकिन क्या यही जीवन का असली उद्देश्य है? क्या हमारा जन्म केवल इन सांसारिक कर्तव्यों को निभाने के लिए हुआ है? इन सवालों का जवाब भगवद्गीता के चौथे अध्याय *ज्ञानयोग* में मिलता है, जहाँ श्रीकृष्ण ने ज्ञान के महत्व और निस्वार्थ सेवा के माध्यम से जीवन के असली रहस्य को उजागर किया है।

श्रीकृष्ण अर्जुन को बताते हैं कि उन्होंने इस ब्रह्मांड के अस्तित्व का असली रहस्य पहले सूर्य और मनु जैसे महान आत्माओं को बताया था। लेकिन समय के साथ, मानव अपनी वास्तविकता से भटक गया और मोह-माया के जाल में फंसकर केवल सांसारिक सुखों और भौतिक चीज़ों की ओर आकर्षित हो गया। आज हम जिस जीवन को जी रहे हैं, वह सिर्फ पीढ़ियों की नकल है। हमने अपने जीवन को इतना सीमित कर लिया है कि उसका असली उद्देश्य हगारे लिए एक रहस्य बन गया है। यही कारण है कि आज जब किसी को गीता जैसे ग्रंथ दिए जाते हैं, तो वे पूजा घर में रख दिए जाते हैं, लेकिन उन्हें पढ़कर समझने की कोशिश नहीं की जाती।

श्रीकृष्ण यह समझाते हैं कि हमारा जीवन केवल एक बार नहीं होता। हम कई बार जन्म लेते हैं और हर जन्म में हमारे कर्म और अनुभव हमें आगे की दिशा में प्रभावित करते हैं। हमारे पिछले जन्मों के कर्म यह तय करते हैं कि हम इस जन्म में किस परिस्थिति में होंगे। इसीलिए हर इंसान की सोच, गुण, और जीवन के प्रति दृष्टिकोण अलग-अलग होते हैं।

एक श्लोक में श्रीकृष्ण कहते हैं कि जब अधर्म बढ़ता है, तो धर्म की पुनर्स्थापना के लिए ईश्वर अवतार लेते हैं। इसका अर्थ केवल इतना नहीं है कि ईश्वर किसी विशेष रूप में धरती पर आते हैं, बल्कि जब भी किसी सच्चे और धर्मी व्यक्ति के साथ अन्याय होता है, तो प्रकृति या ईश्वर के नियम उसका संतुलन बनाते हैं। यदि कोई व्यक्ति अधर्म के मार्ग पर चलता है और दूसरों को पीड़ा पहुँचाता है, तो वह अपने ही कर्मों का फल भुगतता है। इसे देखने या समझने में समय लग सकता है, लेकिन प्रकृति का यह नियम अटल है।

श्रीकृष्ण यह भी समझाते हैं कि यदि हम खुद को समझने की कोशिश करें और प्रकृति के नियमों को जानें, तो हम जीवन और मृत्यु के चक्र से मुक्त हो सकते हैं। यह मुक्ति हमें आत्मज्ञान के माध्यम से प्राप्त होती है। लेकिन यह ज्ञान केवल बाहरी स्रोतों से नहीं आता; इसके लिए हमें भीतर की ओर देखना होगा। हमें अपने कर्मों और जीवन के प्रति दृष्टिकोण को बदलना होगा।

जीवन को सरल, विनम्र और ईश्वर के प्रति आभार व्यक्त करते हुए जीना ही असली आनंद का स्रोत है। श्रीकृष्ण कहते हैं कि जो जैसा सोचता और करता है, उसे वैसा ही परिणाम मिलता है। यदि हम निस्वार्थ भाव से दूसरों की मदद करते हैं और अच्छे कर्म करते हैं, तो यह प्रकृति हमें उसी तरह के सुख और संतोष का अनुभव कराती है।

चातुर्वर्ण्य के संदर्भ में श्रीकृष्ण यह समझाते हैं कि समाज में हर व्यक्ति के गुण और कर्म अलग-अलग होते हैं। इसे आज की भाषा में इस तरह समझा जा सकता है कि किसी भी संगठन में अलग-अलग पद और भूमिकाएँ होती हैं। कोई उच्च पद पर कार्य करता है, तो कोई छोटे काम करता है, लेकिन अंततः सभी एक ही उद्देश्य के लिए काम कर रहे होते हैं।

कर्म के संदर्भ में श्रीकृष्ण यह सिखाते हैं कि कोई भी कार्य करते समय अहंकार से बचना चाहिए। जब हम यह सोचते हैं कि "मैंने यह किया" या "यह मेरा है", तो यह अहंकार को जन्म देता है। हमें यह समझना चाहिए कि सबकुछ प्रकृति या ईश्वर का अंश है। हमारे पास जो भी है, वह अस्थायी है और अंततः इसे यहीं छोड़कर जाना है।

श्रीकृष्ण ज्ञान और आत्मा की तुलना बिजली से करते हैं। जैसे बिजली को हम देख नहीं सकते, लेकिन उससे चलने वाले उपकरणों को देख सकते हैं, उसी तरह आत्मा को महसूस किया जा सकता है, लेकिन देखा नहीं जा सकता। आत्मा हमारी वास्तविकता है, लेकिन हम इसे भूलकर केवल अपने शरीर की चिंता में लगे रहते हैं। यही कारण है कि हम बार-बार जन्म और मृत्यु के चक्र में फँस जाते हैं।

ज्ञानी व्यक्ति वही होता है, जो अपने मन और इंद्रियों को संयमित रखता है। वह बुरी बातों को सुनकर या देखकर विचलित नहीं होता और अपने मन को शांत रखने का प्रयास करता है। कुछ लोग पूजा, योग, या प्राणायाम के माध्यम से अपने मन को नियंत्रित करने की कोशिश करते हैं, तो कुछ लोग अपने खानपान और जीवनशैली में संयम रखकर इसे हासिल करते हैं।

ज्ञानयोग का संदेश यह है कि हमें अपने भीतर झांककर यह समझना चाहिए कि हमारा जीवन केवल भौतिक सुखों के लिए नहीं है। हमें निस्वार्थ सेवा के माध्यम से दूसरों की भलाई करनी चाहिए। श्रीकृष्ण कहते हैं कि जो व्यक्ति ज्ञान प्राप्त करता है, वह अपने जीवन को अनुकरणीय बना लेता है। ऐसे व्यक्ति न केवल अपने लिए, बल्कि समाज के लिए भी प्रेरणा बन जाते हैं।

ज्ञान प्राप्त करना आसान नहीं है। इसके लिए सही गुरु की खोज करनी होती है और उनके मार्गदर्शन में चलना होता है। गुरु वही होता है, जो हमें सत्य और ज्ञान के मार्ग पर चलने की प्रेरणा देता है। श्रीकृष्ण कहते हैं कि जो व्यक्ति "मैं" और "मेरा" की भावना से ऊपर उठ जाता है, वही सच्चे अर्थों में ज्ञानयोग के मार्ग पर होता है।

ज्ञान पापों को उसी तरह नष्ट कर देता है, जैसे आग लकड़ी को भस्म कर देती

है। यह हमें आत्मा के साथ एकाकार होने और परम शांति प्राप्त करने का मार्ग दिखाता है। लेकिन यह तभी संभव है, जब हम अपनी इंद्रियों और मन को नियंत्रित करें और ज्ञानार्जन के लिए निरंतर प्रयासरत रहें।

अंततः श्रीकृष्ण अर्जुन से कहते हैं कि अज्ञानता के कारण मन में उत्पन्न हर संदेह और भ्रम को ज्ञान के प्रकाश से समाप्त करो। उठो, लड़ो, और अपने कर्तव्यों का पालन करो। जीवन में निराश होकर बैठने के बजाय समस्याओं से लड़ो और अपने असली उद्देश्य को पहचानो। यही ज्ञानयोग का असली संदेश है।

5

कर्म-सन्न्यास और कर्मयोग का तुलनात्मक विवेचन

आम जिंदगी में मोक्ष का सही अर्थ समझना बेहद ज़रूरी है, क्योंकि अक्सर लोग इसे मृत्यु के बाद की कोई अवस्था मान लेते हैं। लेकिन असल में, मोक्ष का मतलब है मोह-माया और अत्यधिक लगाव से मुक्ति। यह वह अवस्था है, जब हम किसी चीज़, व्यक्ति, या आदत से निर्लिप्त हो जाते हैं और उस पर हमारी मानसिक निर्भरता समाप्त हो जाती है। इसे एक साधारण उदाहरण से समझा जा सकता है।

मान लीजिए, किसी व्यक्ति को मसाला डोसा बेहद पसंद है। अगर उसे सुबह, दोपहर और रात तीनों वक्त मसाला डोसा ही दिया जाए, तो क्या होगा? शुरुआत में वह इसे खुशी-खुशी खाएगा, लेकिन कुछ ही दिनों में उससे ऊब जाएगा। यहाँ तक कि मसाला डोसा का नाम सुनते ही वह मना करने लगेगा। इसका मतलब है कि उस व्यक्ति को मसाला डोसा की आदत से मुक्ति मिल गई, यानी वह उससे विरक्त हो गया। यही मोक्ष का सरल रूप है—किसी भी चीज़ के प्रति हमारा अत्यधिक लगाव खत्म हो जाना।

श्रीकृष्ण गीता में मोक्ष प्राप्ति के दो मार्ग बताते हैं। पहला मार्ग है ज्ञान और ध्यान के माध्यम से संसार के बंधनों से मुक्त होना। इसमें व्यक्ति बाहरी संसार के कर्मों में लिप्त हुए बिना आत्मा की खोज करता है और अंततः मोक्ष प्राप्त करता है।

दूसरा मार्ग है कर्मयोग का, जहाँ व्यक्ति समाज और दूसरों के कल्याण के लिए निस्वार्थ सेवा करता है। इसमें कोई भी कार्य करते समय "मैंने किया" या "मेरा काम" जैसे अहंकार से बचा जाता है और हर कर्म को भगवान के प्रति समर्पित भावना से किया जाता है।

भौतिक सुख-संपदा और मोह-माया में फंसे मनुष्यों के लिए निस्वार्थ भाव से काम करना आसान नहीं होता। हमें अपनी तारीफ सुनने, पहचान पाने और प्रशंसा मिलने की आदत होती है। लेकिन कर्मयोग का सच्चा अर्थ है, इन सब इच्छाओं से मुक्त होकर सेवा करना। यही कारण है कि श्रीकृष्ण कहते हैं कि हमें पहले धीरे-धीरे हर कर्म को भगवान की सेवा मानकर करने की आदत डालनी चाहिए। जब हम बार-बार ऐसा करेंगे, तो "नाम" और "यश" की इच्छा स्वतः कम हो जाएगी।

अक्सर हम सोचते हैं कि हर कार्य केवल हमारे प्रयासों से ही पूरा होता है। लेकिन जब कोई काम हमारी उम्मीद के अनुसार नहीं होता, तो हम गुस्सा करने लगते हैं या निराश हो जाते हैं। यह हमारी सबसे बड़ी कमजोरी है। श्रीकृष्ण समझाते हैं कि यदि हम अपने कार्य को ईश्वर के प्रति समर्पित कर दें और उसके परिणाम की चिंता छोड़ दें, तो हमारा मन शांत हो जाएगा। ऐसा करने से हमें यह महसूस होगा कि हर कार्य के पीछे ईश्वर की शक्ति काम कर रही है। अगर कोई कार्य समय पर पूरा नहीं हो रहा है, तो उसका अर्थ यह नहीं है कि वह कभी पूरा नहीं होगा। ईश्वर पर विश्वास रखकर हमें धैर्यपूर्वक इंतजार करना चाहिए।

यह समझने की बात है कि कर्म योग और कर्म संन्यास दोनों ही मोक्ष प्राप्ति के मार्ग हैं। लेकिन इन दोनों में अंतर है। कर्म योग वह मार्ग है, जहाँ व्यक्ति संसार में रहते हुए, कार्य करते हुए, अपनी इच्छाओं और अहंकार को त्यागता है। यह मार्ग उन लोगों के लिए है, जो समाज में सक्रिय रहते हुए आत्मा की खोज करना चाहते हैं। वहीं, कर्म संन्यास का मार्ग उन लोगों के लिए है, जो सभी प्रकार के सांसारिक कर्मों को त्यागकर ध्यान, साधना और ज्ञानार्जन के माध्यम से मोक्ष प्राप्ति का प्रयास करते हैं।

कर्म योगियों और कर्म संन्यासियों में सबसे बड़ा अंतर यह है कि कर्म योगी संसार में रहते हुए भी मोह-माया से दूर रहता है, जबकि कर्म संन्यासी संसार को पूरी तरह से त्याग देता है। दोनों मार्ग अपनी-अपनी जगह सही हैं, लेकिन श्रीकृष्ण कर्म योग

को श्रेष्ठ मानते हैं, क्योंकि इसमें व्यक्ति समाज के कल्याण में योगदान देता है।

कर्म योग का एक महत्वपूर्ण पहलू यह है कि हर कार्य को निस्वार्थ भाव से किया जाए। जब हम यह सोचकर काम करते हैं कि इससे हमें क्या लाभ मिलेगा, तो उसमें स्वार्थ आ जाता है। लेकिन यदि हम अपनी जिम्मेदारियों को भगवान के प्रति समर्पित मानकर करें, तो वह कार्य स्वतः पवित्र हो जाता है। ऐसा करते समय यह सोचना भी ज़रूरी है कि हम किसी काम के परिणाम के लिए बेचैन न हों।

यह जीवन में बार-बार देखने को मिलता है कि जब भी कोई कार्य हमारी अपेक्षा के अनुसार नहीं होता, तो हम नाराज़ हो जाते हैं। हमें यह समझना होगा कि हर चीज़ अपने समय पर होती है। यदि हम यह मान लें कि हर कार्य ईश्वर की इच्छा के अनुसार होता है, तो हमारी चिंता स्वतः समाप्त हो जाएगी।

श्रीकृष्ण बताते हैं कि कर्म करना जीवन का हिस्सा है। लेकिन हमें कर्म करते हुए यह याद रखना चाहिए कि इसका फल ईश्वर पर छोड़ दिया जाए। यह सोचकर काम करने की आदत डालनी चाहिए कि हर कार्य ईश्वर की सेवा है। यह भावना न केवल हमारे कर्म को पवित्र बनाती है, बल्कि हमें मानसिक शांति भी देती है।

जो लोग हर काम के पीछे प्रशंसा, धन या नाम की अपेक्षा करते हैं, वे कभी सच्चे कर्म योगी नहीं बन सकते। कर्म योगी वह है, जो बिना किसी अपेक्षा के, अपने कर्तव्यों को पूरी ईमानदारी से निभाता है। इसी तरह, कर्म संन्यासी वह है, जो अपने सांसारिक कर्तव्यों को त्यागकर ध्यान और साधना में लीन रहता है।

दोनों मार्गों में सबसे महत्वपूर्ण बात यह है कि हमारा उद्देश्य क्या है। यदि हमारा लक्ष्य मोक्ष प्राप्ति है, तो हमें अपने भीतर के मोह, अहंकार और स्वार्थ को त्यागना होगा। जब हम इनसे मुक्त हो जाते हैं, तो हम न केवल अपने लिए, बल्कि समाज के लिए भी प्रेरणा बन जाते हैं।

श्रीकृष्ण यह भी समझाते हैं कि हर व्यक्ति को धीरे-धीरे अपने कर्मों में इस भावना को लाना चाहिए। यह तुरंत नहीं होता, लेकिन निरंतर अभ्यास से यह संभव है। जब हम अपने कर्मों को निस्वार्थ भाव से करते हैं, तो हमें यह एहसास होता है कि जीवन कितना सरल और सुंदर हो सकता है।

अंततः कर्म योग और कर्म संन्यास दोनों ही मोक्ष प्राप्ति के मार्ग हैं। लेकिन श्रीकृष्ण कहते हैं कि कर्म योग का मार्ग ज्यादा प्रभावी है, क्योंकि यह व्यक्ति को संसार में रहते हुए भी आत्मा की गहराई को समझने का अवसर देता है। यह मार्ग हमें सिखाता है कि जीवन में हर कार्य को भगवान के प्रति समर्पित करके, निस्वार्थ भाव से किया जाए। यही वह सत्य है, जो हमें मोह-माया से परे ले जाकर मोक्ष की ओर ले जाता है।

6

आत्मसंयम योग - ध्यान का महत्व

आत्मसंयम योग का वास्तविक संदेश हमें यह सिखाता है कि किसी भी कार्य को करते समय उसे ईश्वर को समर्पित भाव से, बिना फल की अपेक्षा के, निष्ठा और समर्पण के साथ करना चाहिए। यह अध्याय हमें यह समझने का अवसर देता है कि हमारे जीवन की अधिकांश समस्याएँ और मानसिक अशांति केवल हमारे मन के अंदर जमा हुई फालतू चिंताओं और स्वार्थपूर्ण इच्छाओं का परिणाम हैं। इन चिंताओं और इच्छाओं को त्यागकर, हम न केवल आत्मिक शांति प्राप्त कर सकते हैं, बल्कि अपने जीवन को एक उच्च उद्देश्य से जोड़ सकते हैं।

जन्म से मृत्यु तक, हम मन में हजारों चिंताओं का बोझ उठाते रहते हैं। ये चिंताएँ, जो अक्सर भौतिक वस्तुओं, व्यक्तियों, या इच्छाओं से जुड़ी होती हैं, हमारे मन को दूषित कर देती हैं। जब तक हमारा मन इन चिंताओं से मुक्त नहीं होता, तब तक शाश्वत शांति और आत्मिक सुख की प्राप्ति संभव नहीं है। श्रीकृष्ण कहते हैं कि यह तभी संभव है जब हम अपने हर कार्य को ईश्वर को अर्पित करें। इससे न केवल हमारे कर्म पवित्र होते हैं, बल्कि हमें यह भी समझने का अवसर मिलता है कि हर कार्य में ईश्वर की उपस्थिति है।

इस अध्याय में श्रीकृष्ण बताते हैं कि आत्मशुद्धि का मार्ग संयम से होकर गुजरता है। आत्मशुद्धि का मतलब है कि हम अपने मन के अंदर की सारी नकारात्मकता और स्वार्थ को धीरे-धीरे बाहर निकाल दें। जब यह प्रक्रिया शुरू होती है, तो हमारी

सोच "मेरा और तुम्हारा" जैसी सीमित मानसिकता से निकलकर "ईश्वर का, केवल ईश्वर का" जैसी व्यापक दृष्टि की ओर बढ़ती है। यह परिवर्तन तुरंत नहीं होता; इसके लिए हमें निरंतर अभ्यास और धैर्य की आवश्यकता होती है।

मन को शुद्ध करने का एक सरल तरीका यह है कि हम ध्यान का अभ्यास करें। ध्यान, या मेडिटेशन, आज के समय में एक प्रभावी साधन बन गया है, जिससे लोग मानसिक शांति और आत्मनियंत्रण प्राप्त करते हैं। श्रीकृष्ण गीता में बताते हैं कि किसी शांत स्थान पर एक स्थिर आसन में बैठकर, अपनी इंद्रियों और मन को नियंत्रित करते हुए, अपनी दृष्टि को नासिका के अग्र भाग पर केंद्रित करना और अपने चित को परमात्मा में स्थिर करना, आत्मशुद्धि और शांति प्राप्त करने का मार्ग है। यह ध्यान केवल किसी भौतिक वस्तु पर केंद्रित नहीं होता, बल्कि आत्मा और परमात्मा के बीच संबंध को महसूस करने का माध्यम बनता है।

आज के समय में, लोग अपनी वेशभूषा, धन, प्रसिद्धि और भौतिक सुखों पर अत्यधिक ध्यान केंद्रित करते हैं। लेकिन इन चीजों से मिलने वाला सुख अस्थायी होता है। ध्यान का अभ्यास करने वाला व्यक्ति धीरे-धीरे इस सत्य को समझने लगता है। वह अपने जीवन को आत्मा के स्तर पर जीने का प्रयास करता है और हर स्थिति में शांति बनाए रखता है। ऐसे व्यक्ति न केवल अपनी आत्मा को संयमित करते हैं, बल्कि हर जीव-जंतु और वस्तु में परमात्मा की उपस्थिति को अनुभव करते हैं।

श्रीकृष्ण यह भी बताते हैं कि मन को नियंत्रित करना आसान नहीं है। यह स्वाभाविक है कि मन इधर-उधर भटकता है, लेकिन नित्य अभ्यास और धैर्य के साथ, इसे नियंत्रित किया जा सकता है। ध्यान के नियमित अभ्यास से व्यक्ति अपने जीवन की हर परिस्थिति को शांतिपूर्ण तरीके से स्वीकार करना सीखता है।

इस अध्याय में एक और महत्वपूर्ण बात यह है कि ईश्वर का साक्षात्कार या ज्ञान प्राप्त करने वाले व्यक्तियों का जीवन कभी व्यर्थ नहीं जाता। यदि कोई व्यक्ति ज्ञान प्राप्त करने के मार्ग पर है और उसकी मृत्यु हो जाती है, तो उसका अगला जन्म उसी स्थान से शुरू होता है, जहाँ उसने छोड़ा था। यह ज्ञान कभी नष्ट नहीं होता। यह समझने योग्य है कि जब भी हम आध्यात्मिक ज्ञान प्राप्त करने के लिए कोई प्रयास करते हैं, वह हमारे जीवन में हमेशा के लिए बना रहता है। ऐसे लोग

अगली बार जन्म लेकर भी अपने आध्यात्मिक विकास को जारी रखते हैं।

श्रीकृष्ण बताते हैं कि जिनके पास आत्मसंयम और संयमित बुद्धि है, वे लोग सच्चे योगी होते हैं। वे लोग अपनी इंद्रियों और मन को भौतिक इच्छाओं से हटाकर, अपने आत्मा की उच्चता को समझने की कोशिश करते हैं। ऐसे योगी न केवल अपनी आत्मा के साथ जुड़े रहते हैं, बल्कि समाज और विश्व के कल्याण के लिए भी निस्वार्थ भाव से काम करते हैं।

श्रीकृष्ण का यह संदेश है कि ध्यान और संयम केवल व्यक्तिगत लाभ तक सीमित नहीं है। यह समाज और विश्व में शांति और कल्याण का संदेश भी देता है। इतिहास में ऐसे कई लोग हुए हैं, जिन्होंने योग और ध्यान के माध्यम से अपने जीवन को समाज की सेवा में समर्पित किया। पंडित मदन मोहन मालवीय जैसे महान व्यक्तित्व इसी मार्ग पर चलकर प्रेरणा बन गए।

यह भी कहा गया है कि कोई भी भौतिक चीज़ या सांसारिक संपत्ति आत्मिक शांति का माध्यम नहीं बन सकती। आत्मा को समझने और संयमित करने का मार्ग केवल ज्ञान, तप, और ध्यान से होकर गुजरता है। ज्ञान का अर्थ केवल पुस्तकों से पढ़ा हुआ नहीं है, बल्कि अपने भीतर छिपे हुए चैतन्य तत्व को समझना है। जब व्यक्ति आत्मा और परमात्मा की एकता को अनुभव करता है, तो उसे सच्ची शांति प्राप्त होती है।

अध्याय हमें यह भी सिखाता है कि कोई भी कार्य छोटा या बड़ा नहीं होता। हर काम में ईश्वर का अंश होता है। जब हम इस दृष्टिकोण से जीवन जीना शुरू करते हैं, तो हर कार्य पूजा बन जाता है। यह भावना हमें भेदभाव से मुक्त कर देती है और हम हर व्यक्ति और चीज़ में ईश्वर का दर्शन करने लगते हैं।

यह अध्याय केवल भक्ति और ध्यान के महत्व को ही नहीं, बल्कि जीवन में निष्ठा, समर्पण, और धैर्य के महत्व को भी रेखांकित करता है। यह हमें सिखाता है कि किसी भी परिस्थिति में विचलित हुए बिना, अपने कर्तव्यों को ईश्वर को समर्पित भाव से करना ही आत्मसंयम का सही मार्ग है।

श्रीकृष्ण का यह संदेश है कि जीवन में संयम और आत्मनियंत्रण का महत्व

अनमोल है। जो लोग अपने मन और इंद्रियों को नियंत्रित कर लेते हैं, वे न केवल अपने लिए, बल्कि समाज और विश्व के लिए भी प्रेरणा बन जाते हैं। यही आत्मसंयम योग का सार है।

7

ज्ञान-विज्ञान योग - भगवान के तत्व का गूढ़ ज्ञान और उसका अनुभवजन्य बोध

जीवन की गहराई और उसके असली उद्देश्य को समझने के लिए हमें अपने मन और आत्मा के असीमित क्षमताओं और प्रकृति की वैज्ञानिकता को समझने की आवश्यकता है। गीता के ज्ञानविज्ञान योग में श्रीकृष्ण ने हमें यही सिखाने का प्रयास किया है। अक्सर हम अपने जीवन को केवल छोटी-छोटी जिम्मेदारियों और सांसारिक उपलब्धियों तक सीमित मान लेते हैं। परिवार चलाना, नौकरी करना, और समाज में एक सम्मानजनक स्थान बनाना ही हमें पर्याप्त लगता है। लेकिन क्या यही सबकुछ है? क्या मनुष्य का उद्देश्य केवल इन्हीं तक सीमित है? श्रीकृष्ण कहते हैं कि मनुष्य के भीतर अपार संभावनाएँ और गहराइयाँ हैं। यदि इन्हें जान लिया जाए, तो कुछ और जानने के लिए शेष नहीं रह जाता।

यहाँ भगवान यह भी स्पष्ट करते हैं कि हजारों लोगों में कुछ ही लोग आध्यात्मिक ज्ञान को जानने की कोशिश करते हैं। उन हज़ारों में भी केवल कुछ ही लोग इसका थोड़ा बहुत ज्ञान अर्जित कर पाते हैं। और उनमें से शायद ही कोई एक व्यक्ति पूर्ण आत्म-साक्षात्कार कर पाता है। वह व्यक्ति जो इस यात्रा में सफल होता है, वास्तव में अपने जीवन को धन्य कर लेता है। इस विचार को गहराई से समझने के लिए

हमें मनुष्य और प्रकृति की दोहरी प्रकृति को जानना होगा।

श्रीकृष्ण हमें बताते हैं कि मनुष्य की दो प्रकार की प्रकृति होती है—अपरा प्रकृति और परा प्रकृति। अपरा प्रकृति वह है जो स्थूल और नश्वर है, जैसे पंचमहाभूत (आकाश, वायु, अग्नि, जल और पृथ्वी), मन, बुद्धि, और अहंकार। ये सभी हमारे भौतिक शरीर और मन के हिस्से हैं। वहीं परा प्रकृति वह सूक्ष्म और शाश्वत तत्व है, जो ईश्वर का चैतन्य स्वरूप है। यह परा प्रकृति हर जीव और वस्तु के भीतर निवास करती है, जैसे मोती को धागे में पिरोया जाता है।

यह समझना ज़रूरी है कि अपरा प्रकृति भले ही स्थूल और नश्वर हो, लेकिन इसके पीछे काम करने वाली परा प्रकृति ही वास्तविक शक्ति है। इसे समझने के लिए श्रीकृष्ण ने हमें कई उदाहरण दिए हैं। जैसे जल में उसकी प्यास बुझाने की शक्ति, सूर्य और चंद्रमा में प्रकाश, अग्नि में उसका तेज, पृथ्वी की महक, और जीव-जंतुओं में उनकी जीवन शक्ति। ये सभी ईश्वर के चैतन्य का ही प्रकटीकरण हैं। जब हम इन गुणों को पहचानते हैं, तो हमें समझ आता है कि हर चीज़ में ईश्वर का अंश है।

श्रीकृष्ण बताते हैं कि हर व्यक्ति के मन और व्यक्तित्व में तीन प्रकार के गुण होते हैं—सात्विक, राजसिक, और तामसिक। सात्विक गुण शुद्धता और दैवीयता को दर्शाते हैं, राजसिक गुण मोह और मानवीय आकांक्षाओं को, और तामसिक गुण आलस्य और अज्ञानता को। लेकिन ईश्वर इन तीनों गुणों से परे हैं। यह हमारे मन पर निर्भर करता है कि वह इन गुणों के अनुपात को कैसे संतुलित करता है। हमारा मन बिजली की तरह है, जो स्वयं गरम या ठंडा नहीं होता, लेकिन उससे जुड़े उपकरण इन गुणों को प्रदर्शित करते हैं।

माया, या भ्रम, इन गुणों से उत्पन्न होता है। जब हमारा मन अपने शरीर के साथ एकता महसूस करता है, तो यही माया कहलाती है। लेकिन माया से परे जाकर, आत्मा के साथ एकता प्राप्त करना ही असली लक्ष्य है। जो लोग इस सत्य को नहीं समझते, वे भौतिक सुखों, मोह, और द्वेष में फँसकर अपनी आत्मा की सच्चाई से दूर हो जाते हैं।

श्रीकृष्ण यह भी बताते हैं कि ईश्वर को चार प्रकार के लोग भजते हैं। कुछ लोग सांसारिक पदार्थों की इच्छा से, कुछ लोग संकट के समय मदद के लिए, कुछ लोग

ज्ञान प्राप्ति के लिए, और कुछ लोग निस्वार्थ सेवा के लिए। इनमें से निस्वार्थ सेवा में लगे ज्ञानी लोग ईश्वर के सबसे प्रिय होते हैं। ये ज्ञानी लोग ही ईश्वर का स्वरूप माने जाते हैं। ऐसे लोग कई जन्मों की साधना के बाद इस स्तर पर पहुँचते हैं। यह दुर्लभ है, लेकिन हर व्यक्ति को इसका प्रयास करना चाहिए।

ज्ञानविज्ञान योग यह भी सिखाता है कि संसार के सुख-दुःख, इच्छा-द्वेष, और मोह से उत्पन्न अज्ञानता ही हमें ईश्वर से दूर रखती है। लेकिन जो लोग निष्काम भाव से श्रेष्ठ कर्म करते हैं, उनका पाप नष्ट हो जाता है, और वे दृढ़ निश्चय के साथ ईश्वर की भक्ति में लग जाते हैं।

श्रीकृष्ण यह भी कहते हैं कि शरीर नश्वर और अशुद्ध है, जबकि आत्मा शुद्ध और आनंदमय है। इसलिए हमें अपने भौतिक शरीर के मोह से मुक्त होकर आत्मा के स्तर पर जीने की कोशिश करनी चाहिए। जब हम आत्मा के साथ एकता प्राप्त करते हैं, तो हमें सच्ची शांति और आनंद की अनुभूति होती है।

यह समझने के लिए कि ईश्वर का अंश हर चीज़ में है, श्रीकृष्ण ने बिजली का उदाहरण दिया। जैसे बिजली को देखा नहीं जा सकता, लेकिन उससे चलने वाले उपकरणों को देखा जा सकता है। उसी तरह हम आत्मा को देख नहीं सकते, लेकिन उसके प्रभाव से हमारा शरीर और मन चलता है। आत्मा का यह सत्य समझना ही ज्ञान है।

ज्ञान प्राप्त करने का मार्ग आसान नहीं है। इसके लिए सही गुरु और सही मार्गदर्शन की आवश्यकता होती है। गुरु वही है, जो हमें सत्य की ओर ले जाता है और हमारे भीतर छिपे अंधकार को दूर करता है।

आध्यात्मिक ज्ञान प्राप्त करने वाला व्यक्ति अपने जीवन को भौतिक इच्छाओं और मोह से ऊपर उठाकर जीता है। वह जानता है कि शरीर नश्वर है, लेकिन आत्मा अमर है। ऐसे व्यक्ति जीवन के हर क्षण को संतुलित और शांतिपूर्ण तरीके से जीते हैं।

श्रीकृष्ण कहते हैं कि ज्ञान प्राप्त करने वाले व्यक्ति को अपनी ऊर्जा और प्रयास को आत्मा की खोज में लगाना चाहिए। यह प्रयास केवल उसके लिए नहीं, बल्कि

समाज और विश्व के कल्याण के लिए भी होता है। जब व्यक्ति इस स्तर पर पहुँचता है, तो वह केवल अपने लिए नहीं, बल्कि हर व्यक्ति के लिए प्रेरणा बन जाता है।

ज्ञानविज्ञान योग का अंतिम संदेश यह है कि आत्मा और परमात्मा की एकता को समझना ही जीवन का सर्वोच्च लक्ष्य है। यह यात्रा केवल बाहरी ज्ञान से संभव नहीं है; इसके लिए आत्मा की गहराई में जाकर, अपने भीतर के चैतन्य को पहचानना ज़रूरी है। जब यह अनुभव होता है, तब ही जीवन को सच्चे अर्थों में धन्य माना जा सकता है।

8

अक्षरब्रह्म योग ब्रह्मांड और जीवन के गहनतम रहस्य

गीता का अक्षरब्रह्म योग अध्याय अर्जुन के सात प्रश्नों से आरंभ होता है, जो ब्रह्मांड और जीवन के गहनतम रहस्यों को समझने के लिए पूछे गए हैं। ये प्रश्न न केवल अर्जुन के, बल्कि हर जिज्ञासु व्यक्ति के मन में उठ सकते हैं। ये प्रश्न हैं: ब्रह्म क्या है? अध्यात्म क्या है? कर्म क्या है? अधिभूत, अधिदैव, और अधियज्ञ क्या हैं? और मृत्यु के समय भगवान को कैसे जाना जाए? इन सवालों का उत्तर देते हुए श्रीकृष्ण जीवन और ब्रह्मांड के गूढ़ रहस्यों का वर्णन करते हैं, जो हमें अपने अस्तित्व और आत्मा के गहरे सत्य से जोड़ते हैं।

श्रीकृष्ण कहते हैं कि जो कभी नष्ट नहीं होता, वह ब्रह्म है। यह ब्रह्म अक्षर है, यानी अटल, अविनाशी, और अनंत। इसका स्वभाव ही अध्यात्म है, जो आत्मा और परमात्मा के संबंध को उजागर करता है। कर्म वह है, जो जीवों में भाव उत्पन्न करता है और त्याग के माध्यम से अस्तित्व को पोषित करता है। नश्वर प्रकृति को अधिभूत कहा गया है, और जो इस प्रकृति को जीवंत बनाता है, वह अधिदैव है। अधियज्ञ वह है, जो हमारे शरीर से परे रहकर अंतर्यामी के रूप में हमें हर कार्य के लिए प्रेरित करता है।

अर्जुन के अंतिम प्रश्न का उत्तर देते हुए श्रीकृष्ण बताते हैं कि मृत्यु के समय जो

व्यक्ति ईश्वर का स्मरण करता है, वह ईश्वर के ही स्वरूप को प्राप्त करता है। यह इस बात पर निर्भर करता है कि हमारी वासनाएँ और विचार किस दिशा में केंद्रित हैं। मृत्यु के समय हमारा मन वही स्मरण करेगा, जिसे हमने जीवन भर पोषित किया है। यही कारण है कि बचपन से ही संस्कार और अध्यात्म का अभ्यास अत्यंत आवश्यक है।

यह समझने के लिए कि मृत्यु के समय हम अपने मन को किस ओर केंद्रित करें, श्रीकृष्ण ध्यान विधि की ओर ध्यान आकर्षित करते हैं। उन्होंने पिछले अध्याय में आत्मसंयम और ध्यान का महत्व बताया था, जो हमारे इंद्रियों और मन को नियंत्रित करने में सहायक होता है। इस ध्यान विधि के अभ्यास से, हम अपने भीतर के बंधनों और वासनाओं को समाप्त कर सकते हैं और परम गति को प्राप्त कर सकते हैं। जो व्यक्ति इस मार्ग पर चलता है, उसे संसार में पुनः जन्म लेने की आवश्यकता नहीं होती।

जो लोग भौतिक वस्तुओं और वासनाओं में बंधे रहते हैं, वे इन वस्तुओं के नष्ट होने पर अत्यधिक दुख का अनुभव करते हैं। उनका जीवन लोभ, मोह, और माया के जाल में उलझा रहता है। उनके लिए हर क्षण एक नई चिंता और हर भौतिक वस्तु की हानि एक नया कष्ट बन जाती है। लेकिन जो व्यक्ति अपनी इंद्रियों और मन को नियंत्रित करते हुए ईश्वर में केंद्रित रहता है, वह इन सब बंधनों से मुक्त हो जाता है।

इस संसार में दो प्रकार के लोग हैं। पहले वे, जो अपने इंद्रियों और मन को नियंत्रित करते हुए ईश्वर के प्रति समर्पित रहते हैं। ऐसे लोग जीवन में आनंद और शांति का अनुभव करते हैं और मृत्यु के बाद परमब्रह्म को प्राप्त करते हैं। दूसरे वे, जो अपनी इंद्रियों और वासनाओं के अधीन होकर जीते हैं। ये लोग बार-बार जन्म और मृत्यु के चक्र में फँसते हैं और भौतिक संसार के दुखों से कभी मुक्त नहीं हो पाते।

श्रीकृष्ण यह भी बताते हैं कि जीवन के हर कार्य को ईश्वर को समर्पित भाव से करना चाहिए। जब हम अपने कर्मों को ईश्वर के प्रति अर्पित करते हैं, तो हम अहंकार और वासनाओं से मुक्त हो जाते हैं। यह समर्पण न केवल हमें शांति प्रदान करता है, बल्कि हमारे जीवन को एक उच्च उद्देश्य से जोड़ता है।

मृत्यु के समय हमारे मन की स्थिति हमारे अगले जन्म का निर्धारण करती है। इसलिए, हमें अपने जीवन के हर क्षण को इस प्रकार जीना चाहिए कि हमारे विचार शुद्ध और सकारात्मक हों। ईश्वर में समर्पण और ध्यान के माध्यम से हम अपने मन और आत्मा को शुद्ध कर सकते हैं।

यह समझना महत्वपूर्ण है कि ब्रह्म चैतन्य हर जगह उपस्थित है। वह जल में उसकी प्यास बुझाने की शक्ति है, सूर्य और चंद्रमा का प्रकाश है, अग्नि का तेज है, और पृथ्वी की महक है। वह हर जीव और वस्तु के भीतर निवास करता है। यह ब्रह्म चैतन्य हमें यह सिखाता है कि जीवन में हर वस्तु और हर प्राणी में ईश्वर का अंश है।

जीवन में जो लोग इस सत्य को समझते हैं और अपने मन और आत्मा को ईश्वर के प्रति समर्पित करते हैं, वे वास्तविक आनंद और शांति का अनुभव करते हैं। यह आनंद केवल भौतिक सुखों से प्राप्त नहीं होता, बल्कि आत्मा के स्तर पर अनुभव किया जाता है।

श्रीकृष्ण का यह संदेश है कि आत्मा और ब्रह्म की एकता को समझना ही जीवन का सर्वोच्च लक्ष्य है। जब हम इस सत्य को समझते हैं, तो हमारा जीवन न केवल हमारे लिए, बल्कि समाज और विश्व के लिए भी एक प्रेरणा बन जाता है।

अक्षरब्रह्म योग हमें यह सिखाता है कि जीवन के हर क्षण को ईश्वर के प्रति समर्पित भाव से जीना चाहिए। यह समर्पण न केवल हमें शांति प्रदान करता है, बल्कि हमारे जीवन को एक उच्च उद्देश्य से जोड़ता है। जब हम इस मार्ग पर चलते हैं, तो हम न केवल अपने लिए, बल्कि समाज और विश्व के लिए भी प्रेरणा बनते हैं। यही इस अध्याय का सार है।

९

राज विद्या राज गुह्य योग - हमारे भीतर छिपे गहरे रहस्यों को समझाना

राज विद्या राज गुह्य योग गीता का वह अध्याय है जिसमें श्रीकृष्ण हमें हमारे भीतर छिपे गहरे रहस्यों को समझाने का प्रयास करते हैं। यह अध्याय अध्यात्मिकता और भक्ति का उच्चतम स्वरूप प्रस्तुत करता है, जो न केवल ज्ञान का स्रोत है, बल्कि आत्मा की शुद्धि और शांति के मार्ग का भी परिचायक है। यह अध्याय विशेष रूप से उन लोगों के लिए है जो ईश्वर के प्रति श्रद्धा और भक्ति रखते हैं, क्योंकि बिना विश्वास और समर्पण के, इस ज्ञान को समझ पाना असंभव है। श्रीकृष्ण कहते हैं कि यह ज्ञान केवल उन्हीं के लिए ग्राह्य है, जो निष्कपट और ईश्वर के प्रति पूर्ण रूप से समर्पित हैं।

भगवान कहते हैं कि यह सारा संसार उन्हीं से उत्पन्न होता है, उन्हीं में स्थित रहता है, और अंत में उन्हीं में विलीन हो जाता है। जैसे समुद्र की लहरें किनारे तक आकर वापस समुद्र में मिल जाती हैं, वैसे ही यह सारा जगत भी ईश्वर के चक्र में घूमता रहता है। यह समझना कि सबकुछ ईश्वर से ही है, और सबकुछ उन्हीं में लौट जाता है, एक महान रहस्य है। श्रीकृष्ण यह भी स्पष्ट करते हैं कि सबकुछ उनके भीतर है, लेकिन वे किसी में स्थित नहीं हैं। इसे समझने के लिए वह वायु

और आकाश का उदाहरण देते हैं। जैसे आकाश हर जगह व्याप्त है, लेकिन वायु उससे अलग होकर भी उसके भीतर रहती है, वैसे ही ईश्वर हर जीव और वस्तु के भीतर हैं, पर फिर भी वे उनसे परे हैं।

जब संसार में प्रलय होती है, तो सबकुछ समाप्त हो जाता है। लेकिन, उसी विनाश से ईश्वर इस सृष्टि का पुनर्निर्माण करते हैं। वे ही इस प्रकृति और जीवों के रचयिता हैं, और वही हमारे जीवन के नियम भी निर्धारित करते हैं। जो मनुष्य इन नियमों के अनुसार जीवन जीते हैं, वे आनंद और शांति को प्राप्त करते हैं। लेकिन, हमारी सबसे बड़ी भूल यह है कि हम ईश्वर को अपने जैसे समझते हैं। हम उन्हें एक मानवीय रूप में देखने और सोचने की कोशिश करते हैं, जबकि वे हमारे विचारों और कल्पनाओं से परे हैं।

जो लोग माया के जाल में फंसे रहते हैं, वे धन, दौलत, और भौतिक सुखों में ही अपनी दुनिया को सीमित कर लेते हैं। ये लोग अपने रिश्तों और सांसारिक चीज़ों से इतनी आसक्ति रखते हैं कि उन्हें ईश्वर के अस्तित्व का आभास ही नहीं होता। ऐसे लोग अपनी अज्ञानता में ईश्वर को खुश करने के लिए गलत कार्य, जैसे पशु बलि, तक करने से नहीं हिचकिचाते। लेकिन सात्विक लोग, जो सच में ईश्वर को समझते हैं, निस्वार्थ भाव से सेवा करते हैं और अपने मन को शुद्ध रखने के लिए ध्यान और भक्ति में समय बिताते हैं। वे जानते हैं कि भक्ति और परब्रह्म का ध्यान ही सच्ची शांति का मार्ग है।

श्रीकृष्ण यह भी समझाते हैं कि समाज में विभिन्न गुणों के प्रभाव के कारण हर व्यक्ति का स्वभाव अलग होता है। सतोगुण, रजोगुण, और तमोगुण से प्रेरित लोग अपने-अपने दृष्टिकोण और विचारों के अनुसार कार्य करते हैं। लेकिन समस्या तब होती है, जब कोई व्यक्ति अपने विचारों को ही श्रेष्ठ मानने लगता है। वह दूसरों के कर्मों का विश्लेषण करके निष्कर्ष निकालने लगता है कि कौन सही है और कौन गलत। यह प्रवृत्ति न केवल गलत है, बल्कि मानसिक अशांति का कारण भी बनती है।

श्रीकृष्ण कहते हैं कि दूसरों की गलतियों पर ध्यान देने से हमारा मन अशांत और दूषित हो जाता है। यह हमें हमारी अच्छाइयों से दूर कर देता है। यदि हम सच्चे अर्थों में अच्छे बनना चाहते हैं, तो हमें अपने मन को शांत और द्वेष से मुक्त

करना होगा। दूसरों की बुराइयों को देखने के बजाय, उनकी अच्छाइयों को देखने की आदत डालनी चाहिए। यही सच्चे सत्पुरुष का लक्षण है।

ईश्वर में विश्वास और भक्ति के माध्यम से, हम अपने मन और आत्मा को पवित्र बना सकते हैं। जब हम हर कर्म को भगवान को अर्पित करके करते हैं, तो हमारे कर्म शुद्ध हो जाते हैं। यह समझना महत्वपूर्ण है कि हर चीज़, हर परिस्थिति, और हर अनुभव ईश्वर की कृपा से ही संभव है।

श्रीकृष्ण यह भी कहते हैं कि पिछले जन्मों में किए गए अच्छे कर्मों के कारण कुछ लोग इस जन्म में सुखी जीवन जीते हैं। लेकिन यदि वे उस पुण्य को बनाए रखने में असफल रहते हैं और अहंकार और भौतिक सुखों में लिप्त हो जाते हैं, तो वे फिर से कठिनाइयों का सामना करने लगते हैं। यह सिखाता है कि हमें अपने कर्मों के माध्यम से अपने पुण्य को बनाए रखना चाहिए और नए पुण्य अर्जित करने की कोशिश करनी चाहिए।

भगवान बताते हैं कि जो लोग निस्वार्थ भाव से भक्ति करते हैं और हर चीज़ को भगवान को अर्पित कर देते हैं, वे सच्चे भक्त हैं। चाहे वह कितना भी पापी क्यों न हो, यदि वह भगवान के प्रति समर्पण करता है, तो उसके सारे पाप नष्ट हो जाते हैं। यह इस बात को स्पष्ट करता है कि ईश्वर के लिए कोई भी व्यक्ति पराया या अयोग्य नहीं है।

राज विद्या राज गुह्य योग का संदेश यह है कि हमारे जीवन का हर पहलू ईश्वर से जुड़ा हुआ है। चाहे हम खाने, पीने, या काम करने जैसे साधारण कार्य कर रहे हों, यदि हम उन्हें भगवान को अर्पित करते हुए करते हैं, तो वे कार्य पवित्र बन जाते हैं। जब हमारा मन शुद्ध होता है और हम हर चीज़ को ईश्वर की दृष्टि से देखते हैं, तो हमारा जीवन सच्चे अर्थों में समर्पित और शांतिपूर्ण बन जाता है। यही इस अध्याय का सार है।

10

विभूतियोग - हमारे भीतर के असीमित गुण और खूबियाँ

गीता के विभूतियोग अध्याय में श्रीकृष्ण हमें यह समझाते हैं कि हमारे भीतर असीमित गुण और खूबियाँ मौजूद हैं, जो हमें साधारण से असाधारण बनने की क्षमता देती हैं। यह अध्याय न केवल भगवान की विभूतियों के बारे में है, बल्कि हमारे भीतर छिपे उन अद्भुत गुणों का भी वर्णन करता है, जो हमें हमारे जीवन के उद्देश्य को पहचानने और उसे पूरा करने में मदद करते हैं। श्रीकृष्ण यह भी बताते हैं कि हमारा जन्म और मृत्यु केवल भौतिक शरीर तक सीमित नहीं हैं, बल्कि आत्मा की यह यात्रा ब्रह्मांड के अनंत चक्र का एक हिस्सा है।

हम मनुष्य प्रपंच की इस विशाल सृष्टि का एक छोटा सा हिस्सा हैं, लेकिन हमें अन्य जीवों से विशिष्ट और श्रेष्ठ बनाया गया है। अन्य जीव-जंतु केवल अपने प्राकृतिक प्रवृत्तियों तक सीमित रहते हैं, लेकिन मनुष्य में सोचने, समझने, सृजन करने और ईश्वर को जानने की क्षमता है। यही कारण है कि मनुष्य साधारण से असाधारण बन सकता है। मनुष्य के पास इतनी खूबियाँ हैं कि वह केवल अपनी रोजमर्रा की जरूरतें पूरी करने तक सीमित नहीं रहता, बल्कि नए आविष्कार, नई व्यवस्थाएँ, और समाज में बदलाव लाने वाले कार्य कर सकता है।

श्रीकृष्ण हमें बताते हैं कि हम सभी परब्रह्म के अंश हैं। हमारे भीतर वह दिव्य

शक्ति है, जो हमें विशेष बनाती है। यह हमारी जिम्मेदारी है कि हम अपनी खूबियों को पहचानें और उन्हें लोकहित के लिए प्रयोग करें। दुनिया में लाखों लोग पैदा होते हैं और मरते हैं, लेकिन केवल वही लोग याद किए जाते हैं, जिन्होंने अपनी विशिष्टताओं और खूबियों का उपयोग समाज के कल्याण के लिए किया।

श्रीकृष्ण अपनी विभूतियों का वर्णन करते हुए यह बताते हैं कि उनकी महानता हर क्षेत्र में प्रकट होती है। वे कहते हैं कि सूर्य की किरणों में उनकी ऊर्जा है, समुद्र की विशालता में उनका वास है, ऋषियों में महर्षि भृगु उनकी श्रेष्ठता का प्रतीक हैं, वृक्षों में पीपल उनकी महिमा का प्रतीक है। ऐसे अनेक उदाहरणों के माध्यम से वे यह समझाते हैं कि हर क्षेत्र में कोई न कोई विशेषता, कोई न कोई उत्कृष्टता होती है।

अगर हम अपने जीवन और समाज में देखें, तो हमें ऐसे कई लोग मिलेंगे, जो अपनी खूबियों और मेहनत से विशिष्टता प्राप्त कर चुके हैं। स्कूल और कॉलेज में हम देखते हैं कि कुछ छात्र अपनी मेधा और मेहनत के कारण दूसरों से अलग होते हैं। ऐसे ही, समाज के विभिन्न क्षेत्रों में विभूतियाँ मौजूद हैं, जैसे कि योग के क्षेत्र में बाबा रामदेव, क्रिकेट में सचिन तेंदुलकर, संगीत में लता मंगेशकर, विज्ञान में डॉ. ए.पी.जे. अब्दुल कलाम, और अध्यात्म में स्वामी विवेकानंद। ये सभी लोग अपने-अपने क्षेत्र में अपने उत्कृष्ट कार्यों के कारण विश्व में पहचाने जाते हैं।

लेकिन यह विशेषता केवल कुछ ही लोगों तक सीमित नहीं है। हम सभी के भीतर अनगिनत गुण और क्षमताएँ छिपी होती हैं। समस्या यह है कि अधिकांश लोग अपने आप को सीमित मानते हैं और अपने जीवन को केवल रोजमर्रा की जरूरतों तक सीमित कर लेते हैं। जब उन्हें किसी क्षेत्र में सफलता नहीं मिलती, तो वे निराश हो जाते हैं। वे यह नहीं समझ पाते कि उनके भीतर ईश्वर द्वारा दी गई असीमित क्षमताएँ हैं, जिन्हें वे पहचानकर किसी और क्षेत्र में सफलता पा सकते हैं।

हमारे भीतर की खूबियों को पहचानने के लिए आत्म-अवलोकन और सही मार्गदर्शन की आवश्यकता होती है। एक अनुभवी गुरु या महान लोगों के जीवन को पढ़कर हम यह समझ सकते हैं कि कैसे अपनी क्षमताओं को पहचानें और उनका सही उपयोग करें। उदाहरण के लिए, एक आम का पेड़ केवल फल देने के लिए नहीं होता। वह ऑक्सीजन प्रदान करता है, छाया देता है, उसकी लकड़ी और पत्तियाँ

कई काम आती हैं। इसी तरह, मनुष्य भी केवल एक काम तक सीमित नहीं है। वह अपने भीतर छिपी विभिन्न खूबियों को पहचानकर कई क्षेत्रों में उत्कृष्टता प्राप्त कर सकता है।

हम सभी के पास गाने, चित्रकारी करने, खेल में भाग लेने जैसे कई सामान्य गुण होते हैं। लेकिन जब हम अपने भीतर की सबसे ज्यादा रुचि वाली विशेषता को पहचानते हैं और उस पर मेहनत करते हैं, तो हम उस क्षेत्र में अपनी एक अलग पहचान बना सकते हैं। अपने भीतर की इन विभूतियों को निखारकर हम साधारण से असाधारण बन सकते हैं।

श्रीकृष्ण का यह संदेश केवल हमें अपनी खूबियों को पहचानने तक सीमित नहीं है, बल्कि यह भी सिखाता है कि इन खूबियों का उपयोग समाज और विश्व के कल्याण के लिए कैसे किया जाए। हमें अपने जीवन को केवल अपने लिए नहीं, बल्कि दूसरों के लिए भी उपयोगी बनाना चाहिए। यह तभी संभव है, जब हम अपने अहंकार और स्वार्थ को छोड़कर, निस्वार्थ भाव से काम करें।

जब हम अपने गुणों का सही उपयोग करते हैं, तो हम न केवल अपनी क्षमताओं को पहचानते हैं, बल्कि समाज के लिए प्रेरणा भी बनते हैं। श्रीकृष्ण यह समझाते हैं कि हमारे गुण केवल हमारे व्यक्तिगत लाभ के लिए नहीं हैं; वे ब्रह्मांड की सेवा के लिए हैं। जब हम इस दृष्टिकोण से काम करते हैं, तो हमारा जीवन न केवल हमारे लिए, बल्कि पूरी सृष्टि के लिए एक उपहार बन जाता है।

विभूतियोग का सार यह है कि हमारे भीतर की खूबियों को पहचानना, उनका सही उपयोग करना, और उन्हें समाज और विश्व के कल्याण के लिए समर्पित करना ही हमारे जीवन का असली उद्देश्य है। जब हम अपनी क्षमताओं और गुणों को समझ लेते हैं, तो हम साधारण से असाधारण बन जाते हैं। यही इस अध्याय का संदेश है।

11

विश्वरूप दर्शन योग - कृष्ण का विराट रूप का दर्शन

गीता के विश्वरूप दर्शन योग अध्याय में श्रीकृष्ण ने अर्जुन को अपने विराट रूप का दर्शन कराया। यह केवल एक दिव्य घटना नहीं है, बल्कि यह उस गहन सत्य का प्रतीक है जो हमें यह समझने में मदद करता है कि ईश्वर हर कण में, हर जीव में और ब्रह्मांड के हर पहलू में समाहित हैं। यह अध्याय हमें यह सिखाता है कि सीमित से असीमित की यात्रा कैसे की जा सकती है और किस तरह एक साधारण जीवन को असाधारण बनाया जा सकता है।

श्रीकृष्ण अर्जुन को समझाते हैं कि सभी जीव-जंतु, प्रकृति, और सृष्टि स्वयं उनमें समाहित है। जैसे समुद्र की लहरें उठती हैं और फिर उसी में विलीन हो जाती हैं, वैसे ही यह समस्त ब्रह्मांड उनके भीतर से उत्पन्न होकर अंत में उन्हीं में विलीन हो जाता है। यह दर्शन न केवल ब्रह्मांडीय रहस्यों को उजागर करता है, बल्कि यह भी बताता है कि हर व्यक्ति के भीतर विराटता की क्षमता है।

अगर हम इस विचार को अपने जीवन में देखें, तो यह समझ आता है कि हर मनुष्य में साधारण से असाधारण बनने की शक्ति होती है। जब हम अपने भीतर छिपी खूबियों और गुणों को पहचानते हैं और उन्हें सही दिशा में इस्तेमाल करते हैं, तो हमारा जीवन केवल अपने तक सीमित नहीं रहता। वह समाज और विश्व के लिए

प्रेरणा बन जाता है। श्रीकृष्ण अर्जुन को अपने सौम्य और विराट रूप दोनों दिखाते हैं, यह दर्शाने के लिए कि एक साधारण रूप में भी विराटता का अनुभव किया जा सकता है।

एक साधारण व्यक्ति अपने कर्मों, विचारों और आदर्शों के माध्यम से असाधारण बन सकता है। यह बात केवल महान विभूतियों पर ही लागू नहीं होती, बल्कि हर व्यक्ति में यह संभावना होती है। हमें यह समझना होगा कि अपने जीवन को केवल खाने, पीने और रोजमर्रा की जरूरतों तक सीमित रखना हमारी वास्तविक क्षमता को सीमित करना है। अगर हम अपने भीतर की शक्तियों और क्षमताओं को पहचानें, तो हम अपने जीवन को विस्तारित कर सकते हैं और अपने कर्मों से दूसरों को प्रेरणा दे सकते हैं।

महान विभूतियों का उदाहरण लें, जैसे पंडित मदन मोहन मालवीय, महात्मा गांधी, स्वामी विवेकानंद, और डॉ. ए.पी.जे. अब्दुल कलाम। ये सभी व्यक्ति साधारण रूप से जन्मे थे, लेकिन उन्होंने अपने कर्मों से अपने जीवन को असाधारण बनाया। अगर हम मदन मोहन मालवीय का उदाहरण लें, तो वाराणसी के काशी हिन्दू विश्वविद्यालय का निर्माण उनके विराट व्यक्तित्व और संकल्प का प्रतीक है। उनकी सौम्य मूर्ति विश्वविद्यालय के गेट पर खड़ी है, लेकिन उनके कर्मों का विशाल रूप विश्वविद्यालय के रूप में प्रकट होता है। यह केवल एक संस्था नहीं है; यह ज्ञान, संस्कृति और समाज सेवा का प्रतीक है।

श्रीकृष्ण का विराट रूप केवल उनकी महिमा का प्रदर्शन नहीं है। यह हमें यह सिखाने के लिए है कि साधारण से असाधारण बनने की प्रक्रिया हर किसी के लिए संभव है। उनके सौम्य रूप से विराट रूप में जाना और फिर वापस सौम्य रूप में लौट आना यह दर्शाता है कि महानता और विनम्रता का संतुलन जीवन का सबसे बड़ा गुण है। कई बार हम अपने जीवन में सफलता प्राप्त करने के बाद अपनी जड़ों और इंसानियत को भूल जाते हैं। लेकिन श्रीकृष्ण यह सिखाते हैं कि चाहे आप कितने भी महान बन जाएं, अपनी सरलता और मूल्यों को बनाए रखना सबसे महत्वपूर्ण है।

अर्जुन जब श्रीकृष्ण के विराट रूप को देखते हैं, तो वे भयभीत हो जाते हैं। वे कहते हैं कि इस रूप में प्रलय का दृश्य दिखाई देता है, जहाँ सभी जीव उनमें समाहित हो रहे

हैं। यह भय स्वाभाविक है, क्योंकि यह ब्रह्मांडीय सत्य को देखने की क्षमता और तैयारी का सवाल है। लेकिन यदि हम इसे गहराई से समझें, तो यह जान पाएंगे कि जन्म और मृत्यु दोनों ही परब्रह्म के चक्र का हिस्सा हैं। हम पहले से ही उनके भीतर हैं, और अंत में उन्हीं में विलीन हो जाएंगे।

यह सत्य भय का कारण नहीं, बल्कि शांति का स्रोत होना चाहिए। जब हम यह समझ लेते हैं कि हमारा अस्तित्व परब्रह्म के अंश से ही है, तो हमारे भीतर से भय, असुरक्षा, और मोह समाप्त हो जाते हैं। यह ज्ञान हमें आत्मविश्वास और शांति प्रदान करता है।

इस अध्याय का सार यह है कि हर व्यक्ति के भीतर विराटता की संभावना है। हमें केवल इसे पहचानने और सही दिशा में उपयोग करने की आवश्यकता है। श्रीकृष्ण यह सिखाते हैं कि हमारे कर्म, विचार, और दृष्टिकोण ही हमें साधारण से असाधारण बनाते हैं। लेकिन इसके साथ ही वे यह भी चेतावनी देते हैं कि इस सफलता को अहंकार और स्वार्थ का कारण नहीं बनने देना चाहिए।

विराटता और सौम्यता का यह संतुलन हमें अपने जीवन को न केवल अपने लिए, बल्कि दूसरों के लिए भी उपयोगी बनाता है। श्रीकृष्ण का यह संदेश न केवल आध्यात्मिक है, बल्कि यह हमारे दैनिक जीवन के लिए भी एक मार्गदर्शक है। यह हमें यह सिखाता है कि अपने कर्मों के माध्यम से हम अपने जीवन को विस्तारित कर सकते हैं और दूसरों के लिए प्रेरणा बन सकते हैं।

अंततः, विश्वरूप दर्शन योग हमें यह सिखाता है कि हमारी क्षमताएँ और गुण हमें साधारण जीवन से असाधारण जीवन की ओर ले जाने का साधन हैं। हमें केवल अपनी संभावनाओं को पहचानने और उन्हें सही दिशा में प्रयोग करने की आवश्यकता है। जब हम ऐसा करते हैं, तो हमारा जीवन न केवल हमारे लिए, बल्कि समाज और विश्व के लिए भी उपयोगी बन जाता है। यही इस अध्याय का संदेश है।

12

भक्तियोग - भगवान के प्रिय भक्त बनने की योग्यता

भक्तियोग अध्याय गीता के उन गहरे संदेशों में से एक है, जो भक्ति के अर्थ और भगवान के प्रिय भक्त बनने की योग्यता को स्पष्ट करता है। इसमें अर्जुन ने श्रीकृष्ण से भक्ति, उपासना और परमात्मा के प्रिय भक्त के लक्षणों के बारे में प्रश्न किए हैं। इन सवालों के उत्तर में श्रीकृष्ण ने बताया कि साकार और निराकार रूप से उपासना करने वालों में कौन श्रेष्ठ है, और भक्ति का वास्तविक स्वरूप क्या है।

जब हम ईश्वर की शक्तियों, गुणों और विराट स्वरूप को समझते हैं, तो स्वाभाविक रूप से हमारी भक्ति और आस्था बढ़ती है। भक्ति का मार्ग हर किसी के लिए भिन्न हो सकता है। कोई साकार रूप में ईश्वर को मूर्तियों के माध्यम से पूजता है, तो कोई निराकार रूप में भगवान को सर्वत्र देखता है। साकार भक्ति में, उपासक भगवान को एक मूर्ति के रूप में देखते हैं, उनका पूजन करते हैं, और अपनी श्रद्धा के अनुसार भगवान का आशीर्वाद प्राप्त करते हैं। वहीं, निराकार भक्ति में, उपासक भगवान को हर जगह उपस्थित मानते हैं। वे अपने हर कर्म को भगवान को समर्पित भाव से करते हैं और जो भी प्राप्त होता है, उसे भगवान का प्रसाद मानकर संतुष्ट रहते हैं।

श्रीकृष्ण यह बताते हैं कि भक्त चाहे साकार रूप में भगवान की पूजा करें या निराकार रूप में, भगवान सभी को स्वीकार करते हैं। वे कहते हैं कि भक्त के भाव और श्रद्धा पर ही निर्भर करता है कि वह भगवान से कैसा संबंध बनाता है। जो सच्चे हृदय से भक्ति करते हैं, उन्हें भगवान उसी रूप में प्राप्त होते हैं, जैसा वे अनुभव करना चाहते हैं। लेकिन निराकार भक्ति, जो भगवान को सर्वव्यापी मानती है और कर्म को पूजा का माध्यम समझती है, ईश्वर को अधिक प्रिय है।

भक्तियोग यह भी स्पष्ट करता है कि भगवान का प्रिय भक्त कौन है। यह केवल पूजा करने और मंत्र जाप करने तक सीमित नहीं है। भगवान के प्रिय भक्त वे होते हैं, जो अपने आचरण और व्यवहार से ईश्वर की छवि को प्रतिबिंबित करते हैं। ऐसा भक्त निस्वार्थ होता है, जिसमें किसी भी प्रकार का अहंकार, स्वार्थ, या द्वेष नहीं होता। वह सुख और दुःख में समान भाव रखता है, मित्र और शत्रु में भेद नहीं करता, और मान-अपमान को समान रूप से सहता है।

भगवान का प्रिय भक्त वह है, जो अपने जीवन को प्रकृति के नियमों के अनुसार जीता है। वह अपने कर्मों में समर्पण और संतुलन बनाए रखता है। उसमें "मैं" और "मेरा" जैसे भाव नहीं होते। वह किसी की निंदा या प्रशंसा में अपना समय नहीं लगाता, बल्कि मन में शांति और स्थिरता बनाए रखता है। उसके जीवन में छः विकार—काम, क्रोध, लोभ, मोह, मद, और मत्सर—का स्थान नहीं होता। जो कुछ भी उसे प्राप्त होता है, वह उसे पर्याप्त मानकर संतोष से जीता है।

ऐसा भक्त न केवल भगवान का प्रिय होता है, बल्कि उसके गुण भी धीरे-धीरे भगवान जैसे हो जाते हैं। उसका आचरण, उसकी वाणी, और उसके कर्म दूसरों के लिए प्रेरणा बनते हैं। ऐसे भक्त के व्यक्तित्व में भगवान के गुणों का प्रभाव स्पष्ट रूप से दिखाई देता है। वह न केवल स्वयं के जीवन को शुद्ध और शांत बनाता है, बल्कि अपने आसपास के लोगों के लिए भी एक आदर्श बन जाता है।

भक्तियोग हमें यह सिखाता है कि भक्ति केवल पूजा-पाठ या मंत्रों का उच्चारण नहीं है। यह हमारे जीवन का एक संपूर्ण दृष्टिकोण है, जो हमारे आचरण, विचार, और कर्मों में झलकता है। सच्ची भक्ति का अर्थ है अपने भीतर के अहंकार, स्वार्थ, और द्वेष को त्यागकर, अपने जीवन को भगवान को समर्पित करना। जब हम अपने हर कर्म को भगवान के प्रति अर्पित करते हैं और जो कुछ भी हमें प्राप्त होता

है, उसे ईश्वर का प्रसाद मानते हैं, तो हमारा जीवन सहज और शुद्ध हो जाता है।

भगवान यह भी कहते हैं कि हर भक्त उनके लिए प्रिय है, लेकिन उनके प्रियतम भक्त वे होते हैं, जो निस्वार्थ भाव से अपने जीवन को जीते हैं। ऐसे भक्त दूसरों के लिए सहारा बनते हैं और समाज के कल्याण के लिए कार्य करते हैं। वे किसी की निंदा नहीं करते, दूसरों के दोष नहीं देखते, और हर परिस्थिति में अपने मन को शांत रखते हैं।

भगवान का प्रिय भक्त दूसरों के लिए प्रेरणा और मार्गदर्शन का स्रोत बनता है। उसका जीवन केवल उसके लिए नहीं, बल्कि समाज और विश्व के कल्याण के लिए होता है। वह अपने कर्मों से यह दिखाता है कि भगवान का सच्चा भक्त बनने के लिए केवल भक्ति की नहीं, बल्कि निस्वार्थ सेवा और समर्पण की भी आवश्यकता है।

इस अध्याय का सार यह है कि भक्ति का अर्थ केवल भगवान की पूजा करना नहीं है। यह अपने जीवन को भगवान के प्रति समर्पित करना, अपने आचरण में शुद्धता लाना, और अपने कर्मों से समाज के लिए उपयोगी बनना है। जब हम ऐसा करते हैं, तो हम न केवल भगवान के प्रिय बनते हैं, बल्कि हमारे जीवन का उद्देश्य भी पूरा होता है। यही भक्तियोग का वास्तविक संदेश है।

13

क्षेत्र-क्षेत्रज्ञ विभाग योग - शरीर और आत्मा के भेद को समझना

गीता के क्षेत्र-क्षेत्रज्ञ विभाग योग में श्रीकृष्ण ने शरीर और आत्मा के भेद को स्पष्ट किया है। यह अध्याय हमें यह समझने में मदद करता है कि हमारा शरीर केवल एक साधन है, जिसे आत्मा संचालित करती है। शरीर को "क्षेत्र" कहा गया है, क्योंकि यह कर्मों का आधार है, जहाँ पाप और पुण्य की खेती होती है। वहीं, आत्मा "क्षेत्रज्ञ" है, जो इस क्षेत्र का जानने वाला है। आत्मा परमात्मा का ही अंश है और यही उसे अनंत और अविनाशी बनाता है।

शरीर पंचमहाभूतों—पृथ्वी, जल, अग्नि, वायु और आकाश—से निर्मित है। इसके साथ ही इसमें अहंकार, बुद्धि, मन, और तीन गुण—सात्विक, राजसिक, और तामसिक—भी सम्मिलित होते हैं। इसके अतिरिक्त, शरीर ज्ञानेन्द्रियों (शब्द, स्पर्श, रूप, रस, गंध) और कर्मेन्द्रियों (वाणी, हाथ, पैर, गुदा, लिंग) से युक्त है। इच्छा, द्वेष, सुख, दुःख, चेतना, और घृणा जैसे विकार भी शरीर का हिस्सा हैं। इन सभी तत्वों से यह शरीर, या क्षेत्र, बनता है। लेकिन यह शरीर नाशवान है, जबकि आत्मा अविनाशी और शाश्वत है।

गीता में क्षेत्र और क्षेत्रज्ञ का यह भेद हमें आत्मा के महत्व को समझने की ओर प्रेरित करता है। जैसे आकाश सूक्ष्म होने के कारण कहीं भी लिप्त नहीं होता, वैसे

ही आत्मा शरीर में होते हुए भी उसके विकारों और गुणों से लिप्त नहीं होती। यह आत्मा ही है, जो शरीर को चेतना प्रदान करती है, ठीक वैसे ही जैसे सूर्य जगत को प्रकाश देता है। यदि सूर्य न हो, तो संसार अंधकारमय हो जाएगा; इसी प्रकार, यदि आत्मा शरीर से निकल जाए, तो यह शरीर नष्ट हो जाता है।

श्रीकृष्ण हमें यह समझाते हैं कि शरीर केवल एक साधन है, आत्मा ही वास्तविक पूजनीय है। यह शरीर एक मंदिर है, और आत्मा इस मंदिर में स्थित भगवान के समान है। लेकिन हम में से अधिकतर लोग इस सत्य को भूल जाते हैं। हम अपने शरीर की बाहरी सुंदरता और सुख-सुविधाओं पर ध्यान केंद्रित करते हैं, लेकिन आत्मा, जो इस शरीर का मूल है, उसकी उपेक्षा करते हैं।

इस सत्य को समझने के लिए, मंदिर का उदाहरण बहुत उपयुक्त है। जब हम किसी मंदिर में जाते हैं, तो हम केवल उस मंदिर की दीवारों और निर्माण की पूजा नहीं करते; हम उसमें स्थापित भगवान की पूजा करते हैं। इसी प्रकार, हमारा शरीर भी केवल एक संरचना है, और आत्मा इसका दिव्य सार है।

शरीर और आत्मा के इस भेद को समझना हमारे जीवन को बदल सकता है। यह हमें इस बात की शिक्षा देता है कि हमें अपने कर्मों और विचारों को आत्मा की शुद्धता और दिव्यता के अनुरूप बनाना चाहिए। यदि हम शरीर को केवल बाहरी साधन समझकर आत्मा के साथ तालमेल बैठाएं, तो हम जीवन के सच्चे उद्देश्य को समझ सकते हैं।

एक और उदाहरण से इसे समझा जा सकता है। छाता एक ऐसी वस्तु है, जो बारिश और धूप से हमारी रक्षा करती है। लेकिन छाते का उपयोग तभी संभव है, जब उसमें लगी तीलियाँ और उसकी संरचना सही हो। यदि छाते में तीलियाँ न हों, तो वह केवल एक बेकार कपड़े का टुकड़ा बनकर रह जाएगा। इसी प्रकार, शरीर का महत्व तभी है, जब उसमें आत्मा विद्यमान हो। आत्मा के बिना शरीर केवल नश्वर पदार्थ है, जो समय के साथ नष्ट हो जाता है।

यह अध्याय हमें यह भी सिखाता है कि आत्मा को समझे बिना, हम जीवन के सच्चे अर्थ को नहीं जान सकते। आत्मा शुद्ध, शाश्वत और स्वतंत्र है। यह शरीर के सुख-दुःख, लाभ-हानि से प्रभावित नहीं होती। जो व्यक्ति इस सत्य को समझ

लेता है, वह जीवन के हर क्षण को शांतिपूर्ण और संतुलित तरीके से जीता है।

क्षेत्र-क्षेत्रज्ञ का यह ज्ञान हमें यह भी सिखाता है कि हमें अपनी प्राथमिकताओं को बदलना चाहिए। हम अक्सर अपने शरीर की देखभाल और भौतिक इच्छाओं की पूर्ति में इतने व्यस्त रहते हैं कि आत्मा की शुद्धता और उसकी दिव्यता को भूल जाते हैं। लेकिन जब हम यह समझ जाते हैं कि आत्मा ही हमारे अस्तित्व का सार है, तो हम अपनी सोच और कर्मों को आत्मा के स्तर पर ले जाने का प्रयास करते हैं।

यह भी महत्वपूर्ण है कि हम अपने शरीर को एक माध्यम के रूप में देखें, जो हमें आत्मा की उच्चता को अनुभव करने का अवसर देता है। शरीर को मंदिर की तरह पवित्र और आत्मा को भगवान की तरह सम्मानित करना ही इस ज्ञान का सार है। यह समझना कि आत्मा हमारे भीतर का सच्चा प्रकाश है, हमें सही दिशा में कर्म करने और जीवन को सार्थक बनाने की प्रेरणा देता है।

गीता का यह अध्याय हमें जीवन और मृत्यु के बीच के संबंध को भी स्पष्ट करता है। शरीर नश्वर है, और आत्मा अमर है। शरीर का अंत निश्चित है, लेकिन आत्मा कभी समाप्त नहीं होती। यह सत्य हमें जीवन के प्रति भय और मोह को त्यागने में मदद करता है।

अंततः, क्षेत्र-क्षेत्रज्ञ विभाग योग हमें यह सिखाता है कि आत्मा और शरीर का भेद समझना ही जीवन की सबसे बड़ी शिक्षा है। जब हम इस सत्य को जान लेते हैं, तो हम अपने जीवन को आत्मा की दिव्यता के अनुसार जीने का प्रयास करते हैं। यह प्रयास न केवल हमें शांति और संतोष प्रदान करता है, बल्कि हमें जीवन के सच्चे उद्देश्य को भी समझने में मदद करता है। यही इस अध्याय का वास्तविक संदेश है।

14

गुणत्रय विभाग योग - सात्त्विक, राजसिक, और तामसिक—का वर्णन

गीता के गुणत्रय विभाग योग में श्रीकृष्ण ने प्रकृति से उत्पन्न तीन गुणों—सात्विक, राजसिक, और तामसिक—का वर्णन किया है। ये तीन गुण जीवात्मा को शरीर से जोड़ते हैं और उसके स्वभाव, विचार, और कर्म को प्रभावित करते हैं। यह अध्याय न केवल इन गुणों को समझाने का प्रयास करता है, बल्कि यह भी सिखाता है कि कैसे इन गुणों के प्रभाव से ऊपर उठकर जीवन को परमानंद और मुक्ति की ओर ले जाया जा सकता है।

सात्विक गुण को सबसे निर्मल और उज्ज्वल गुण कहा गया है। यह आत्मा को प्रकाश, शुद्धता, और ज्ञान प्रदान करता है। यह गुण व्यक्ति को वैराग्य, शांति, और आत्म-साक्षात्कार की ओर प्रेरित करता है। सात्विक गुण से उत्पन्न व्यक्ति के भीतर दया, करुणा, और विवेक का विकास होता है। वह अपने जीवन को दूसरों की भलाई में लगाता है और निस्वार्थ भाव से कार्य करता है। सात्विक व्यक्ति का स्वभाव विनम्र और सुलभ होता है, जिससे उसके आसपास के लोग भी प्रभावित होते हैं।

राजसिक गुण के प्रभाव से व्यक्ति में लोभ, लालच, और भोग-विलास की प्रवृत्ति बढ़ती है। यह गुण मनुष्य को भौतिक सुखों और स्वार्थी कार्यों में उलझा देता है।

राजसिक व्यक्ति अपने जीवन में हमेशा कुछ न कुछ पाने की चाहत रखता है और अपनी इच्छाओं को पूरा करने के लिए हर संभव प्रयास करता है। हालांकि, यह गुण अशांति और अस्थिरता को जन्म देता है। इसके प्रभाव से व्यक्ति अपने कर्तव्यों के प्रति आसक्त हो जाता है और जीवन में संतोष नहीं पा सकता।

तमसिक गुण व्यक्ति को आलस्य, अज्ञानता, और प्रमाद की ओर ले जाता है। यह गुण जीवन में निष्क्रियता और भ्रम को बढ़ावा देता है। तमसिक व्यक्ति को अपने कर्तव्यों का बोध नहीं होता और वह व्यर्थ के कार्यों में अपना समय नष्ट करता है। ऐसे लोगों का स्वभाव अक्सर स्वार्थी और असंवेदनशील होता है। तमसिक गुण के प्रभाव में व्यक्ति न केवल अपनी प्रगति रोक लेता है, बल्कि वह दूसरों के लिए भी बाधा बन जाता है।

हम अपने दैनिक जीवन में देखते हैं कि हर व्यक्ति का स्वभाव, सोच, और व्यवहार अलग-अलग होता है। यह अंतर इन तीन गुणों के विभिन्न अनुपात के कारण होता है। कुछ लोग अत्यंत दयालु, मददगार, और विनम्र होते हैं। उनके साथ समय बिताने पर हमें भी प्रेरणा मिलती है। ये लोग सात्विक गुणों से प्रभावित होते हैं।

दूसरी ओर, कुछ लोग हर चीज में अपना स्वार्थ खोजते हैं। वे मोह-माया और लालच में उलझे रहते हैं। उनके साथ समय बिताने से हम भी उनकी तरह स्वार्थी और लालची बनने लगते हैं। ऐसे लोग राजसिक गुणों के प्रभाव में होते हैं।

कुछ लोग ऐसे भी होते हैं, जो दूसरों की परवाह नहीं करते, बुरा कार्य करते हैं, और अपना जीवन बिना किसी उद्देश्य के जीते हैं। उनकी संगति में रहने से हम भी अज्ञानता और भ्रम का शिकार हो सकते हैं। ये लोग तमसिक गुणों के प्रभाव में होते हैं।

महात्मा गांधी जी ने गीता के इस अध्याय को गहराई से समझा और लिखा है कि सात्विकता मानव जीवन की उच्चतम स्थिति के सबसे करीब है। उन्होंने यह भी कहा कि हर व्यक्ति का प्रयास सात्विक गुणों को विकसित करने की दिशा में होना चाहिए। यह विकास तभी संभव है, जब हम अपनी अल्पता को स्वीकार करें। गांधी जी ने इसे समझाने के लिए समुद्र और बूँद का सुंदर उदाहरण दिया। वे कहते हैं कि यदि समुद्र की एक बूँद अपने को समुद्र मान ले, तो वह सूख जाएगी। लेकिन यदि

वह अपनी बूँदता को स्वीकार कर समुद्र की ओर अग्रसर हो, तो वह उसमें लीन होकर समुद्र बन जाएगी।

इस दृष्टांत से यह स्पष्ट होता है कि ईश्वर हमसे अलग भी हैं और हमारे भीतर भी हैं। हम उनके अंश हैं, लेकिन हमारी चेतना और कर्म हमें उनसे जोड़ते हैं। जब हम अपने भीतर के गुणों को समझकर सात्विकता की ओर बढ़ते हैं, तो हम ईश्वर के और करीब आ जाते हैं।

सात्विक, राजसिक, और तमसिक गुण हमारे जीवन में विभिन्न परिस्थितियों में प्रकट होते हैं। ये गुण हमें यह समझने में मदद करते हैं कि हमारा स्वभाव और कर्म किस दिशा में जा रहे हैं। जब हम अपने भीतर लोभ, क्रोध, और मोह को बढ़ता देखते हैं, तो हमें समझना चाहिए कि हमारे भीतर राजसिक और तमसिक गुण बढ़ रहे हैं। लेकिन जब हम शांति, करुणा, और विनम्रता का अनुभव करते हैं, तो यह संकेत है कि हमारे भीतर सात्विक गुण विकसित हो रहे हैं।

जीवन का उद्देश्य इन तीन गुणों से परे उठना है। जब हम गुणों के प्रभाव से मुक्त हो जाते हैं, तो हम सच्ची स्वतंत्रता और परमानंद को प्राप्त कर सकते हैं। यह स्थिति केवल सात्विकता के निरंतर अभ्यास और आत्म-अवलोकन से ही संभव है।

गीता का यह अध्याय हमें सिखाता है कि इन गुणों को समझना और उनका सही उपयोग करना हमारे जीवन को बेहतर बना सकता है। जब हम अपने भीतर सात्विक गुणों को विकसित करते हैं, तो हमारा जीवन न केवल हमारे लिए, बल्कि समाज के लिए भी उपयोगी बनता है। यह अध्याय हमें आत्म-जागृति और आत्म-विकास का मार्ग दिखाता है, जो हमें एक बेहतर इंसान बनने की दिशा में प्रेरित करता है।

अंततः, यह समझना महत्वपूर्ण है कि गुणत्रय केवल एक आध्यात्मिक सिद्धांत नहीं है, बल्कि हमारे दैनिक जीवन का हिस्सा है। इसे समझने और इसका पालन करने से हम अपने जीवन को शुद्ध, शांतिपूर्ण, और सार्थक बना सकते हैं। यही इस अध्याय का मुख्य संदेश है।

15

पुरुषोत्तम योग - श्रीकृष्ण ने अपने पुरुषोत्तम स्वरूप को विस्तार से समझाया है

पुरुषोत्तम योग गीता का वह अध्याय है जिसमें श्रीकृष्ण ने अपने पुरुषोत्तम स्वरूप को विस्तार से समझाया है। यह अध्याय हमें यह बताता है कि परमात्मा, जिन्हें पुरुषोत्तम कहा गया है, किस प्रकार क्षर और अक्षर से परे हैं और इस सृष्टि का मूल आधार हैं। यह अध्याय हमें न केवल परमात्मा की महिमा को समझने में मदद करता है, बल्कि यह भी सिखाता है कि किस प्रकार हम उनके गुणों को अपने जीवन में उतारकर अपने जीवन को सार्थक बना सकते हैं।

श्रीकृष्ण सृष्टि की तुलना एक अविनाशी बरगद के वृक्ष से करते हैं। यह वृक्ष अन्य पेड़ों के विपरीत है, क्योंकि इसकी जड़ें ऊपर की ओर और शाखाएँ नीचे की ओर फैली हुई हैं। इस वृक्ष की जड़ें परमात्मा का प्रतीक हैं, क्योंकि वही इसका उद्गम हैं। इसकी शाखाएँ इस संसार में फैले हुए कर्मों और कार्यों का प्रतीक हैं। इस वृक्ष के पत्ते वेदों के समान हैं, जो हमें जीवन के विभिन्न पहलुओं को समझाने और निर्देशित करने का काम करते हैं। लेकिन इस वृक्ष के चक्र से मुक्त होना तभी संभव है, जब हम मोह-माया और आसक्तियों का त्याग कर सकें।

जो व्यक्ति मोह-माया से ऊपर उठ जाता है, जो सुख और दुःख के बीच समानता का अनुभव करता है, और जिसने अपनी आत्मा को परमात्मा में स्थिर कर लिया है, वही पुरुषोत्तम स्वरूप को जान पाता है। यह ज्ञान आत्मा की गहराई में जाकर अपने असली स्वरूप को पहचानने का मार्ग है। शरीर नश्वर है, लेकिन इसमें स्थित जीवात्मा, जो परमात्मा का ही अंश है, अमर और शाश्वत है।

जब जीवात्मा शरीर का त्याग करता है, तो वह अपने कर्मों और इच्छाओं के अनुसार अगला शरीर धारण करता है। इसे श्रीकृष्ण ने वायु के फूलों से सुगंध लेकर जाने के समान बताया है। आत्मा शरीर बदल सकती है, लेकिन वह अपने साथ अपने संस्कार, विचार और कर्मों के प्रभाव को लेकर चलती है। यह हमें यह भी समझाता है कि हमारा वर्तमान जीवन हमारे पिछले कर्मों का परिणाम है और हमारा अगला जीवन इस जीवन के कर्मों पर निर्भर करेगा।

मनुष्य योनि को कर्म योनि कहा गया है, क्योंकि केवल इसी योनि में हमें अपने कर्मों को सुधारने और अपने जीवन को ईश्वर के प्रति समर्पित करने का अवसर मिलता है। अन्य योनियाँ भोग योनियाँ हैं, जहाँ जीव केवल अपने पिछले कर्मों का फल भोगता है। मनुष्य योनि हमें यह अवसर देती है कि हम अपने कर्मों को सुधारकर अपने जीवन को उच्चतर स्तर पर ले जा सकें।

हमारे जीवन में यह अंतर स्पष्ट रूप से देखा जा सकता है। कुछ बच्चे ऐसे होते हैं, जो अपनी उम्र से अधिक ज्ञान और समझदारी का परिचय देते हैं। यह उनके पिछले जन्मों के कर्मों और संस्कारों का परिणाम है। उदाहरण के लिए, भारत की वंडर गर्ल जाह्नवी पंवार और गूगल बॉय कौटिल्य पंडित। ये बच्चे अपने ज्ञान और बुद्धिमत्ता से हमें यह दिखाते हैं कि आत्मा का स्तर शरीर की उम्र से बड़ा हो सकता है। उनके पिछले जन्मों के अनुभव और ज्ञान ने उन्हें इस जीवन में भी विशिष्ट बनाया है।

परमात्मा का स्वरूप हर जगह विद्यमान है। सूर्य का प्रकाश, चंद्रमा की शीतलता, अग्नि की गर्मी—ये सब परमात्मा की ही अभिव्यक्तियाँ हैं। हमारे शरीर में जो जठराग्नि अन्न को पचाने का कार्य करती है, वह भी उसी परमात्मा का अंश है। शरीर के किसी हिस्से में रोग होने पर उसका पता लगाना आसान है, लेकिन हमारे विचार, भावनाएँ, और गुण आत्मा से जुड़े होते हैं, और उन्हें शरीर के किसी हिस्से

में नहीं देखा जा सकता। यही आत्मा हमें जीवन देती है और हमें दिव्यता से जोड़ती है।

पुरुषोत्तम योग हमें यह सिखाता है कि परमात्मा का ज्ञान प्राप्त करना और उनके साथ एकत्व का अनुभव करना ही जीवन का असली उद्देश्य है। यह ज्ञान हमें यह समझने में मदद करता है कि परमात्मा केवल बाहरी शक्ति नहीं हैं, बल्कि वे हमारे भीतर भी मौजूद हैं। उनके गुण, जैसे असीम करुणा, ज्ञान, और ऊर्जा, हमारे जीवन का मार्गदर्शन कर सकते हैं, यदि हम उन्हें पहचान सकें।

यह अध्याय हमें इस बात की शिक्षा भी देता है कि जीवन में मोह-माया और आसक्ति से मुक्त होकर ही सच्चा सुख पाया जा सकता है। मोह और आसक्ति हमें हमारे असली स्वरूप से दूर ले जाती हैं और हमें भौतिक सुखों में उलझा देती हैं। लेकिन जब हम इनसे ऊपर उठकर आत्मा के स्तर पर जीवन जीने का प्रयास करते हैं, तो हम परमात्मा के गुणों को अपने भीतर महसूस कर सकते हैं।

श्रीकृष्ण यह भी बताते हैं कि हमारे जीवन के कर्म और व्यवहार हमारे अगले जन्म को निर्धारित करते हैं। इसीलिए, हमें अपने वर्तमान जीवन में अपने कर्मों को शुद्ध और पवित्र बनाने का प्रयास करना चाहिए। जब हम अपने कर्मों को परमात्मा के प्रति समर्पित करते हैं, तो हमारा जीवन स्वतः ही शुद्ध हो जाता है।

पुरुषोत्तम योग का संदेश हमें यह सिखाता है कि आत्मा और परमात्मा का संबंध अटूट है। हमारा उद्देश्य इस संबंध को पहचानना और अपने जीवन को उसके अनुरूप ढालना है। यह समझना कि परमात्मा हर जगह हैं—हमारे भीतर और बाहर दोनों जगह—हमें जीवन के प्रति एक नई दृष्टि प्रदान करता है।

यह अध्याय हमें यह भी प्रेरित करता है कि हम अपने जीवन को केवल भौतिक सुखों तक सीमित न रखें। हमें अपने भीतर की दिव्यता को पहचानना चाहिए और अपने कर्मों के माध्यम से अपने जीवन को अर्थपूर्ण बनाना चाहिए। यही पुरुषोत्तम योग का असली सार है, जो हमें आत्मा की उच्चता और परमात्मा की असीम महिमा का बोध कराता है।

16

देवासुर संपद विभाग योग - अच्छे विचार, सत्संग और शुद्ध आचरण का महत्व

गीता के देवासुर संपद विभाग योग अध्याय में यह बताया गया है कि मनुष्य के मन में उत्पन्न होने वाले विचार और कर्म ही उसे दैवीय या आसुरी गुणों की ओर ले जाते हैं। यह अध्याय इस बात पर प्रकाश डालता है कि कैसे अच्छे विचार, सत्संग और शुद्ध आचरण हमें एक सच्चा, शांतिपूर्ण और कल्याणकारी जीवन जीने में मदद करते हैं, जबकि बुरे विचार, दुर्गुण, और आसुरी प्रवृत्तियाँ हमें जीवन में कठिनाइयों, अशांति, और पीड़ा की ओर ले जाती हैं।

मनुष्य का मन विचारों का केंद्र है। अच्छे विचार हमें प्रेरित करते हैं, हमारी चेतना को जागृत करते हैं, और हमें आत्म-शुद्धि की ओर ले जाते हैं। जब हम अच्छे लोगों के संपर्क में आते हैं या अच्छी पुस्तकों का अध्ययन करते हैं, तो हमारे भीतर के सद्गुण, जिन्हें गीता में "दैविक संपत्ति" कहा गया है, जागृत होते हैं। ये गुण हमें न केवल स्वयं को बेहतर बनाने में मदद करते हैं, बल्कि समाज और संसार के लिए उपयोगी बनने का मार्ग भी दिखाते हैं।

वहीं दूसरी ओर, बुरे विचार और बुरी संगति, जिन्हें गीता में "आसुरी संपत्ति" कहा

गया है, हमें गलत रास्ते पर ले जाती है। ये हमें स्वार्थ, अहंकार, क्रोध, और लोभ में फँसाकर जीवन में अशांति और असंतोष का कारण बनती हैं।

यह अध्याय हमें यह सिखाता है कि अच्छे गुणों को अपनाने और बुरे गुणों से बचने के लिए हमें अपने विचारों और कर्मों पर निरंतर ध्यान देना चाहिए। जीवन को सुधारने और दैविक गुणों को विकसित करने के लिए निम्न बातों का पालन करना आवश्यक है।

जीवन को भयमुक्त बनाना सबसे पहला कदम है। अक्सर हम अपने जीवन के दुःख, दर्द, और चिंताओं को लेकर भयभीत रहते हैं। लेकिन जब हम इन सभी चीज़ों को ईश्वर को अर्पित कर भगवद् चिंतन में लीन हो जाते हैं, तो भय और चिंताओं से स्वतः ही मुक्ति मिल जाती है।

मन को शुद्ध बनाए रखना दूसरा महत्वपूर्ण पहलू है। मन की शुद्धता से स्वार्थ भाव समाप्त होता है, और हम निस्वार्थ सेवा और भक्ति की ओर अग्रसर होते हैं। गुरुजनों से ज्ञान प्राप्त करते रहना और शंकाओं का समाधान करते रहना भी आवश्यक है। जब हमें यह ज्ञात हो जाता है कि हमारा शरीर केवल आत्मा का साधन है, तो हम शरीर से जुड़े अहंकार और माया से ऊपर उठने में सक्षम हो जाते हैं।

दान करने की भावना को बढ़ावा देना चाहिए। जो कुछ भी हमें मिला है, उसमें से एक भाग दान करके हम न केवल दूसरों की मदद कर सकते हैं, बल्कि अपने स्वार्थ को भी नियंत्रित कर सकते हैं। यह आत्मा को पवित्र बनाता है और हमें जीवन के वास्तविक अर्थ का अनुभव कराता है।

इन्द्रियों को नियंत्रित रखना भी उतना ही महत्वपूर्ण है। इन्द्रियों का संयम हमें आसुरी प्रवृत्तियों से बचाता है और दैविक गुणों को विकसित करने में मदद करता है। इसके अलावा, हर काम को ईश्वर को समर्पित भाव से करना चाहिए। यह भावना हमारे कर्मों को पवित्र बनाती है और हमें अपने लक्ष्य की ओर स्थिर रहने में मदद करती है।

दूसरों के प्रति करुणा और सहानुभूति का भाव रखना चाहिए। दुखी और असहाय

लोगों को देखकर हमारे भीतर करुणा जागृत होनी चाहिए। यह गुण न केवल हमें ईश्वर के करीब लाता है, बल्कि समाज में हमारी उपयोगिता को भी बढ़ाता है।

जीवन में क्रोध और घृणा से बचना आवश्यक है। क्रोध न केवल हमारी शांति को भंग करता है, बल्कि हमें गलत काम करने की ओर भी प्रेरित करता है। दूसरों द्वारा किए गए बुरे व्यवहारों को माफ करके आगे बढ़ना और मन की शुद्धता बनाए रखना ही हमारे जीवन को सार्थक बनाता है।

भगवद् स्मरण से मन को शांत और स्थिर बनाए रखना भी इस अध्याय का एक प्रमुख संदेश है। जब हमारा मन शांत होता है, तो हम अपने जीवन के हर कार्य को सही दृष्टि और दिशा में कर पाते हैं।

इन सभी गुणों को विकसित करने से हम "दैविक संपत्ति" को अपनाते हैं और जीवन को शुद्ध, सार्थक, और कल्याणकारी बनाते हैं। दैविक गुणों से युक्त व्यक्ति समाज के लिए प्रेरणा और सम्मान का स्रोत बनता है। ऐसे लोग न केवल अपने जीवन को ऊँचाई पर ले जाते हैं, बल्कि समाज और संसार के लिए भी उपयोगी होते हैं।

इसके विपरीत, जो लोग आसुरी गुणों को अपनाते हैं, वे अपने जीवन में अशांति, असंतोष, और कष्ट का अनुभव करते हैं। ऐसे लोग लोभ, मोह, और क्रोध में फँसकर गलत रास्ते पर चलते हैं। वे दूसरों को नुकसान पहुँचाने और स्वार्थ में लिप्त रहने से कभी शांति का अनुभव नहीं कर पाते।

यह अध्याय हमें यह समझाता है कि आसुरी गुणों को त्यागकर और दैविक गुणों को अपनाकर हम न केवल अपने जीवन को सुधार सकते हैं, बल्कि समाज और संसार के लिए एक प्रेरणा बन सकते हैं। गीता का यह संदेश हमें अपने विचारों, कर्मों, और जीवन के प्रति दृष्टिकोण को बदलने के लिए प्रेरित करता है।

दैविक गुणों को अपनाने का अर्थ है अपने भीतर ईश्वर के गुणों को विकसित करना और अपने जीवन को उनके अनुरूप बनाना। यही इस अध्याय का सार है, जो हमें सिखाता है कि जीवन को कैसे सार्थक और शुद्ध बनाया जाए।

17

श्रद्धात्रय विभाग योग - हर कर्म को शास्त्र विधि के अनुसार करने की महिमा

गीता के *श्रद्धात्रय विभाग योग* में जीवन के हर कर्म को शास्त्र विधि के अनुसार करने की महिमा को बताया गया है। यह अध्याय सिखाता है कि हमारे जीवन में श्रद्धा, स्वभाव और कर्म का गहरा प्रभाव होता है। मनुष्य के संस्कार, गुण, और स्वभाव के अनुसार उसकी श्रद्धा भी प्रकट होती है, और यही श्रद्धा उसके विचारों, व्यवहार और कर्मों का आधार बनती है। श्रीकृष्ण ने इस अध्याय में तीन गुणों—सात्विक, राजसिक, और तामसिक—के आधार पर मनुष्य के कार्यों का विवरण दिया है और समझाया है कि जीवन में शुद्धता, भक्ति और समर्पण का क्या महत्व है।

श्रद्धा का संबंध मनुष्य के आंतरिक विश्वास और दृष्टिकोण से होता है। सात्विक श्रद्धा वाले लोग अपने कर्मों को निस्वार्थ भाव से करते हैं और देवताओं की पूजा करते हैं। उनकी श्रद्धा स्वच्छ, शुद्ध और धर्ममय होती है। दूसरी ओर, राजसिक स्वभाव वाले लोग अपने कर्मों में दिखावा और फल की कामना रखते हैं। वे जल्दी लाभ पाने के लिए यक्षों या भौतिक शक्तियों को पूजते हैं। वहीं, तामसिक लोग अपने अज्ञान और आसुरी प्रवृति के कारण भूत-प्रेत जैसी नकारात्मक शक्तियों

की उपासना करते हैं। वे शास्त्र विधियों को नकारते हुए अपने अहंकार में अपनी इच्छाओं को सर्वोपरि मानते हैं।

भोजन, सेवा, तप, और दान—इन चारों में श्रद्धा और गुणों का प्रभाव स्पष्ट दिखता है। भोजन को सात्विक, राजसिक, और तामसिक के अनुसार विभाजित किया गया है। सात्विक भोजन वह है जो शरीर को स्वस्थ, मन को शुद्ध, और आत्मा को संतुष्ट करता है। यह भोजन सरल, स्वच्छ और पोषक होता है। इसके विपरीत, राजसिक भोजन अधिक मसालेदार, तीखा, और तृष्णा बढ़ाने वाला होता है, जिससे शरीर और मन में अशांति उत्पन्न होती है। तामसिक भोजन बासी, दुर्गंधयुक्त, और अशुद्ध होता है, जो शरीर को बीमार और मन को अस्थिर बनाता है।

सेवा का मूल्य भी श्रद्धा के अनुसार बदलता है। जब सेवा निस्वार्थ भाव से, ईश्वर को समर्पित मानकर की जाती है, तो वह सात्विक सेवा कहलाती है। इसमें न दिखावे का स्थान होता है, न अहंकार का। इसके विपरीत, राजसिक सेवा फल की कामना और दिखावे के लिए की जाती है, जिसमें स्वार्थ की प्रधानता होती है। तामसिक सेवा छल-कपट, अनादर, और अश्रद्धा के साथ की जाती है, जो न केवल सेवा के उद्देश्य को नष्ट करती है, बल्कि समाज में अराजकता भी फैलाती है।

तप, यानी आचरण, भी जीवन का एक महत्वपूर्ण अंग है। शरीर, वाणी, और मन के स्तर पर किए गए तप को गीता में तीन भागों में विभाजित किया गया है। शारीरिक तप में गुरु, माता-पिता, और ईश्वर का आदर करना, शरीर को शुद्ध रखना, और अपने कर्मों को सकारात्मक और सच्चे भाव से करना शामिल है। वाणी का तप सत्य, प्रिय, और हितकारी वचन बोलना, कठोर वाणी से बचना, और अपने शब्दों से किसी का मन न दुखाना है। मानसिक तप में मन को शांत, संतुलित, और भगवान में स्थिर रखना शामिल है। यह तप न केवल मन को नियंत्रित करता है, बल्कि आत्मा को शुद्ध और शांति प्रदान करता है।

सात्विक तप निस्वार्थ भाव और श्रद्धा से किया जाता है। यह तप व्यक्ति को शांति और स्थिरता प्रदान करता है और उसकी ऊर्जा को सही दिशा में लगाता है। राजसिक तप दिखावे और अहंकार से प्रेरित होता है, जिससे व्यक्ति अंततः विषाद और असंतोष का अनुभव करता है। तामसिक तप, जो अज्ञानता और हठ से प्रेरित

होता है, न केवल स्वयं के लिए हानिकारक होता है, बल्कि दूसरों को भी कष्ट देता है।

दान का महत्व भी गीता में गहराई से समझाया गया है। सात्विक दान वह है जो सही समय, सही स्थान, और सही व्यक्ति को निस्वार्थ भाव से दिया जाता है। यह दान व्यक्ति को अपने स्वार्थ से ऊपर उठने और समाज के कल्याण में योगदान देने की प्रेरणा देता है। राजसिक दान वह है जो फल की कामना से या दिखावे के लिए किया जाता है। इसमें दाता का उद्देश्य दूसरों की भलाई से अधिक अपनी प्रतिष्ठा बढ़ाना होता है। तामसिक दान अज्ञानता, अपमान, और गलत उद्देश्यों से किया जाता है, जो न तो दाता के लिए लाभकारी होता है, न ही प्राप्तकर्ता के लिए।

गीता में बताया गया है कि श्रद्धा और समर्पण के बिना किया गया कोई भी कर्म असत् है। ऐसे कर्म न तो इस लोक में सुख देते हैं, न परलोक में। इसलिए, हर कर्म को शास्त्र विधि के अनुसार और ईश्वर को समर्पित भाव से करना चाहिए। जब हम अपने कर्मों को ईश्वर के प्रति अर्पित करते हैं, तो वे शुद्ध और पुण्यकारी बन जाते हैं।

श्रद्धा और गुणों का हमारे जीवन पर गहरा प्रभाव पड़ता है। जब हम अपने जीवन में सात्विक गुणों को अपनाते हैं, तो हमारा मन शांत और स्थिर रहता है। यह गुण हमें जीवन के हर पहलू में निस्वार्थ भाव से काम करने और आत्म-संतोष पाने में मदद करता है। राजसिक और तामसिक गुणों से प्रभावित व्यक्ति अपने जीवन में अशांति, अस्थिरता, और असंतोष का अनुभव करते हैं।

गीता का यह अध्याय हमें सिखाता है कि हमें अपने हर कर्म को श्रद्धा और समर्पण के साथ करना चाहिए। यह जीवन को शुद्ध, संतुलित, और सार्थक बनाता है। यह अध्याय न केवल धार्मिक दृष्टि से महत्वपूर्ण है, बल्कि यह हमें जीवन जीने की कला भी सिखाता है। जब हम अपने जीवन में श्रद्धा, संयम, और निस्वार्थ सेवा को स्थान देते हैं, तो हम न केवल स्वयं को बेहतर बनाते हैं, बल्कि समाज और संसार के लिए भी उपयोगी बनते हैं। यही गीता का संदेश है, जो हर युग और हर समय में प्रासंगिक है।

18

सन्यास योग - सच्चे कर्म और समर्पण का महत्व

सन्यास योग गीता का वह अध्याय है, जो जीवन की नकारात्मकता, मोह, और भेदभाव को त्यागकर सच्चे कर्म और समर्पण का महत्व सिखाता है। यह अध्याय हमें बताता है कि सन्यास का अर्थ केवल सांसारिक कार्यों को त्यागना नहीं है, बल्कि अपने कर्मों को स्वार्थ और फल की इच्छा से मुक्त करना है। महात्मा गांधी जी ने इस अध्याय को गीता का उपसंहार कहा है, जिसमें "सब धर्मों को तज कर मेरी शरण में आओ" का संदेश हमें जीवन की गहराई को समझने का अवसर देता है।

सन्यास का मतलब हर तरह के कर्म का त्याग करना नहीं, बल्कि अपने कर्मों को ईश्वर को अर्पण करना और उनके फल की आकांक्षा न रखना है। यह सच्चा सन्यास है, जो जीवन में शांति और संतोष लाता है। काम्य कर्मों, यानी वे कर्म जो केवल स्वार्थपूर्ति के लिए किए जाते हैं, को छोड़ना ही सन्यास का आरंभ है। लेकिन कर्तव्य कर्मों को त्यागने की बात गीता में नहीं की गई है। हमें अपने कर्तव्यों को निभाते हुए, उनकी सफलता या असफलता के प्रति आसक्त हुए बिना, उन्हें ईश्वर को समर्पित करना चाहिए।

गीता में कर्मों के त्याग को तीन गुणों—सात्विक, राजसिक, और तामसिक—के

आधार पर विभाजित किया गया है। सात्विक त्याग वह है, जिसमें व्यक्ति मोह और आसक्ति से मुक्त होकर अपने कर्तव्यों को करता है। ऐसा व्यक्ति सफलता और विफलता दोनों में समान भाव रखता है और अपने कर्मों से मिलने वाले फल की चिंता नहीं करता। यह त्याग आत्मा की शुद्धता और जीवन की शांति के लिए किया जाता है।

राजसिक त्याग वह है, जिसमें व्यक्ति अपने कर्मों को भय या लोभ के कारण छोड़ देता है। ऐसा व्यक्ति कर्म के परिणामों से डरता है और कठिन परिस्थितियों से बचने के लिए अपने कर्तव्यों का त्याग करता है। यह त्याग सच्चा सन्यास नहीं है, क्योंकि इसमें स्वार्थ और भय की प्रधानता होती है।

तामसिक त्याग वह है, जिसमें व्यक्ति अज्ञानता और मोह के कारण अपने कर्तव्यों को छोड़ देता है। ऐसा त्याग न केवल स्वयं के लिए हानिकारक होता है, बल्कि समाज के लिए भी हानिकारक हो सकता है। यह त्याग आत्मा को अशांत करता है और व्यक्ति को अधोगति की ओर ले जाता है।

सन्यास योग में श्रीकृष्ण यह स्पष्ट करते हैं कि जीवन में कर्म से पूर्णतः मुक्त होना संभव नहीं है। हर व्यक्ति को जीवन जीने के लिए कर्म करना ही पड़ता है। लेकिन वह कर्म, जो आसक्ति और अहंकार से मुक्त हो, सच्चा त्याग कहलाता है।

जीवन में तीन प्रकार के सुखों का भी वर्णन इस अध्याय में मिलता है। सात्विक सुख वह है, जो आरंभ में कठिन प्रतीत होता है, लेकिन अंत में आनंद और शांति लाता है। यह आत्मा की शुद्धता और आत्मसाक्षात्कार से उत्पन्न होता है। राजसिक सुख वह है, जो इंद्रियों के तात्कालिक सुख से प्राप्त होता है। यह पहले तो आकर्षक लगता है, लेकिन अंत में दुःख और असंतोष का कारण बनता है। तामसिक सुख वह है, जो अज्ञानता, आलस्य, और प्रमाद से उत्पन्न होता है। यह सुख न केवल व्यक्ति को कमजोर बनाता है, बल्कि उसे बंधनों में भी जकड़ देता है।

इस अध्याय में श्रीकृष्ण युद्ध का उदाहरण देकर यह समझाते हैं कि जीवन भी एक युद्ध के समान है। जैसे युद्ध के दौरान हर सैनिक शत्रु नहीं होता, वैसे ही जीवन में हर परिस्थिति प्रतिकूल नहीं होती। लेकिन यदि हम अपने कर्तव्यों का

त्याग कर देते हैं, तो हम अपनी जिम्मेदारियों से भी भागते हैं। सच्चा त्याग वह है, जो बिना द्वेष और भय के किया जाए। सात्विक त्याग वही है, जिसमें व्यक्ति अपने कर्तव्यों को निष्पक्षता और समर्पण के साथ निभाता है।

श्रीकृष्ण यह भी समझाते हैं कि हर व्यक्ति अपने गुणों के अनुसार त्याग करता है। सात्विक गुण वाला व्यक्ति हर आत्मा को समान दृष्टि से देखता है और उसके प्रति सम्मान और करुणा का भाव रखता है। राजसिक गुण वाला व्यक्ति भेदभाव करता है और अपने स्वार्थ की पूर्ति के लिए कर्म करता है। तामसिक गुण वाला व्यक्ति अपने शरीर और इच्छाओं को ही सबकुछ मानता है और अपने कार्यों में अहंकार और अज्ञानता का परिचय देता है।

गीता यह सिखाती है कि जीवन में कर्म का त्याग नहीं, बल्कि कर्म के प्रति दृष्टिकोण का परिवर्तन आवश्यक है। यदि हम अपने कर्मों को ईश्वर की सेवा समझकर करते हैं, तो वे कर्म पवित्र हो जाते हैं।

श्रीकृष्ण ने अर्जुन को यह संदेश दिया कि कर्म को छोड़ने की आवश्यकता नहीं है। बल्कि यह समझने की आवश्यकता है कि हर कर्म को किस भावना के साथ किया जाना चाहिए। यदि हम अपने कर्मों को निष्ठा और समर्पण के साथ करते हैं, तो वे हमें आत्मसिद्धि की ओर ले जाते हैं।

सन्यास योग का मुख्य संदेश यह है कि हमें अपने जीवन में नकारात्मकता और भेदभाव का त्याग करना चाहिए। जीवन की हर परिस्थिति को समभाव से स्वीकार करना चाहिए और अपने कर्तव्यों को बिना किसी स्वार्थ और अपेक्षा के निभाना चाहिए।

यह अध्याय यह भी सिखाता है कि जीवन में शांति और संतोष पाने के लिए हमारे कर्म और भावना में सामंजस्य होना चाहिए। जब हम अपने कर्मों को ईश्वर को समर्पित करते हैं, तो हम अपने जीवन में स्थिरता और संतुलन प्राप्त कर सकते हैं।

श्रीकृष्ण ने अर्जुन से कहा कि गीता का यह ज्ञान उन्हें स्वतंत्रता देता है। यह ज्ञान अर्जुन को सोचने, समझने, और अपने निर्णय स्वयं लेने का अवसर देता है। अर्जुन

ने इस ज्ञान को आत्मसात किया और अपने कर्तव्यों का पालन करने का निश्चय किया।

यह अध्याय हमें यह सिखाता है कि जीवन में सच्चा त्याग केवल कर्तव्यों को निभाते हुए उनके प्रति आसक्ति और फल की इच्छा का त्याग करना है। यही सच्चा सन्यास है, जो हमें जीवन की उच्चतम शांति और संतोष प्रदान करता है।

उद्धरण और संदर्भ

यह पुस्तक व्यापक अनुसंधान और सूक्ष्म विश्लेषण का परिणाम है, जिसमें विभिन्न स्रोतों जैसे अनेक पुस्तकों, विद्वानों के अध्ययन और व्यक्तिगत अनुभवों को सम्मिलित किया गया है। इसके अतिरिक्त, मैंने इस कार्य को संकलित करने के लिए प्रासंगिक जानकारी और आंकड़े जुटाने हेतु विभिन्न वेबसाइटों की भी खोज की है। मैंने प्रस्तुत जानकारी की सटीकता सुनिश्चित करने के लिए हर संभव प्रयास किया है और सभी स्रोतों का विधिपूर्वक उल्लेख किया है ताकि उनके योगदान को सम्मानित किया जा सके।

इन प्रयासों के बावजूद, अनजाने में त्रुटियाँ होने की संभावना बनी रहती है। मैं अपने पाठकों के विचारों को अत्यधिक महत्व देता हूँ और किसी भी ऐसी त्रुटि की पहचान करने और उसे सुधारने के लिए आपके फीडबैक का स्वागत करता हूँ। मैं आपसे आग्रह करता हूँ कि किसी भी प्रकार की विसंगतियों को मेरी जानकारी में लाएँ।

आपका फीडबैक न केवल स्वागत योग्य है बल्कि अत्यावश्यक भी है, क्योंकि यह वर्तमान संस्करण में सुधार लाने और भविष्य के संस्करणों की सामग्री को और बेहतर बनाने में मदद करेगा। मैं अपनी कृतियों में उच्चतम स्तर की सटीकता और विश्वसनीयता बनाए रखने के प्रति प्रतिबद्ध हूँ और आपके समर्थन और समझ के लिए धन्यवाद देता हूँ।

इसके अतिरिक्त, मैं संविधान के अनुच्छेद 19(1)(क) के तहत गारंटीकृत अभिव्यक्ति की स्वतंत्रता के सिद्धांत का दृढ़ता से पालन करती हूँ और अपने सभी पाठकों के विविध दृष्टिकोणों और अभिव्यक्तियों का सम्मान करता हूँ।

Other Books Of The Author

1. Empowering Minds: A Journey into Women's Self-Discovery and Power
2. The Dynamics of Motivation: Catalyzing Thought into Action
3. Meditation and Mental Well Being: The Path to Inner Peace and Clarity
4. The Psychology of Child Education: Nurturing Future Generations
5. Ethical Enlightenment: A Modern Guide to Living with Integrity
6. Voices of Empowerment: Stories of Women Rising Against Odds
7. Social Psychology in Everyday Life: Understanding Human Connections
8. The Essence of Motivational Speaking: Inspiring Change in Others
9. Balancing Acts: Women, Work, and the Will to Lead
10. Guiding with Grace: Raising Children with Compassion and Awareness
11. The Power of Positive Aging: Embracing Life After Fifty
12. Building Resilient Communities: Social Work in Action
13. The Ethical Educator: Principles for Teaching and Learning
14. Innovative solutions for Social Change: The Role of Social Psychology for crafting a Better World
15. The Ethics of Empathy: A Guide to Ethical Living
16. The Science of Empowering the Self: Navigating Life's Challenges with Psychological Wisdom
17. The Mindful Conscious Leader: Meditation Techniques for Modern Management
18. Pioneering Spirit: Women's Pathways to Leadership and Empowerment
19. Feeling to Healing: The Role of Emotional Intelligence in Child Development
20. Transformative Talks and Words of Inspiration: Insights into

Motivational Oratory

21. The Hidden Path to Ethical Sustainability: Crafting a Greener Tomorrow
22. Spiritual Integrity: Navigating Life with Moral Compassion
23. Clean Living, Clean Society: The Ethics of Cleanliness
24. Patriotic Spirits: Building a Nation on Positive Attitudes
25. Innovative Integrity & Vibrant Visions: The Ethical and Entrepreneurial Spirit of Gujarat
26. Youthful Visions, Endless Possibilities: Inspiring Ethics and Motivation in Children
27. Living Your Legacy: How to Motivate Others by Living Your Values
28. Secret of Healing Conversations: Ethical Practices in Counselling and Therapy
29. Creative Kindness: Crafting a Life of Compassion and Creativity
30. The Power of Appreciation: How Gratitude Can Transform Your Relationships
31. Pathways to Purpose: Life Lessons from the Bhagavad Gita for Aspiring Young Minds
32. The Symphony of the Soul: Exploring Visual, Musical, and Performance Arts in Therapeutic Harmony
33. Vivekananda's Virtues: A Blueprint for Modern Living
34. Quotes That Inspire and Empower: Guiding Words to Lift Your Journey
35. The Boundless Classroom: Innovations in Global Education
36. Trusting the Self Within: Techniques for Confidence and Peace
37. From Peaks to Palms: A Journey Through India's Natural Splendor
38. India on their shoulders: Lives That Inspire Continents
39. Finding Your Why: Discovering Your Passions and Charting Your Course
40. The Warrior's Mantra: Deciphering the Hanuman Chalisa
41. The Role of Social Media in Shaping Self-Esteem and Interpersonal Relationships among Adolescents
42. Karma's Tapestry: Weaving a Life of Selfless Service

• 72 •

Dr. Minakshi Bansal
Social Activist
Ahmedabad, Gujarat, Bharat
dhanyamfoundation@gmail.com

|| LOKAHA SAMASTHAHA SUKHINO BHAVANTU ||